Lerne beten,
um lieben zu lernen

Weitere Bücher von Pater Jacques Philippe beim Parvis-Verlag:

- *Die innere Freiheit*, 2007
- *Suche den Frieden und jage ihm nach*, 2008
- *Berufen zum Leben*, 2008
- *In der Schule des Heiligen Geistes*, 2013
- *Zeit für Gott*, 2014

Französischer Originaltitel:
«Apprendre à prier pour apprendre à aimer»

© Für die französische Ausgabe:
Editions des Béatitudes,
Société des Œuvres Communautaires, 2013

© Für die deutsche Ausgabe:
September 2014

Parvis-Verlag
Route de l'Eglise 71
1648 Hauteville/Schweiz

Tel. 0041 26 915 93 93 Fax 0041 26 915 93 99
www.parvis.ch
buchhandlung@parvis.ch

Alle Rechte, auch die des Teilabdruckes, vorbehalten.

Gedruckt in der EU

ISBN 978-288022-870-5

Pater Jacques Philippe

Lerne beten, um lieben zu lernen

Deutsche Übersetzung: Marianne Müller

Parvis-Verlag
1648 Hauteville/Schweiz

Bibelzitate sind entnommen der Einheitsübersetzung der Heiligen Schrift
© 1980 Katholische Bibelanstalt, Stuttgart.

Vorwort

Über das Gebet gibt es zahlreiche ausgezeichnete Bücher. Ist noch eines wirklich notwendig? Sicherlich nicht. Vor einigen Jahren schrieb ich bereits ein Buch über das Gebet[1] und ich hatte nicht vor, ein weiteres Buch zu diesem Thema zu schreiben. Auf die Gefahr hin, mich in einigen Punkten zu wiederholen, fühlte ich mich kürzlich dennoch gedrängt, dieses kleine Werk zu verfassen. Ich dachte nämlich, dass es manchen helfen könnte, auf dem Weg des persönlichen Gebetes beharrlich weiterzugehen oder ihn einzuschlagen. Aufgrund meiner Exerzitien, die ich in vielen Ländern halte, bin ich oft unterwegs und stelle erstaunt fest, dass heute viele Menschen aus allen Lebensverhältnissen und Berufen ein starkes inneres Bedürfnis nach dem Gebet haben, aber auch einiger Orientierungshilfen bedürfen, um im Gebetsleben auszuharren und damit es fruchtbar wird. Das, was die Welt heute am meisten braucht, ist das Gebet. Erneuerung, Heilung, tiefe und fruchtbare Umgestaltung unserer Gesellschaft, die wir alle ersehnen, werden daraus hervorgehen. Unsere Erde ist krank und allein der Kontakt mit dem Himmel wird sie heilen können. Das Beste für die

---

1. *Zeit für Gott: Führer für das innere Gebet*, Parvis-Verlag, Hauteville, Schweiz.

Kirche ist heute, wenn sie in den Menschen den Durst nach dem Gebet weckt und sie beten lehrt.

Das größte Geschenk, das man einem Menschen machen kann, ist, ihn zum Gebet hinzuführen, ihm zu helfen, auf diesem nicht immer leichten Weg beharrlich weiterzugehen. Wer betet, hat alles; denn in dessen Leben kann Gott frei eintreten, dort wirken und die Wunder seiner Gnade vollbringen. Immer mehr bin ich davon überzeut, dass alles vom Gebet kommt und unter den Anrufen des Heiligen Geistes das Beten der erste und dringendste Anruf ist, auf den wir antworten müssen. Erneuerung durch das Gebet bedeutet eine Erneuerung aller unserer Lebensbereiche, das Erlangen einer neuen Jugendlichkeit. Mehr denn je sucht der Vater jene, die im Geist und in der Wahrheit anbeten (vgl. Joh 4,24).

Auf diesem Gebiet haben wir natürlich nicht alle die gleiche Berufung und die gleichen Möglichkeiten. Aber tun wir unser Möglichstes, Gott ist treu. Ich kenne Laien, die von ihren familiären und beruflichen Verpflichtungen sehr beansprucht sind, durch ihr tägliches zwanzigminütiges Gebet aber genauso viele Gnaden erhalten wie Mönche, die fünf Stunden am Tag beten. Gott möchte sich so sehr uns Armen und Kleinen offenbaren, uns sein väterliches Antlitz zeigen, unser Licht, unsere Heilung, unser Glück sein; umso mehr als wir in einer schwierigen Welt leben.

Vom Gebet zu sprechen ist immer gut. Denn das bedeutet zwangsläufig, die wichtigsten Aspekte des geistlichen und auch des menschlichen Lebens vor Augen zu führen.

In diesem Buch möchte ich also einige sehr einfache und für jedermann verständliche Anweisungen geben, um jene, die auf diesen Ruf antworten wollen, zu ermutigen und sie auf ihrem Weg zu begleiten, damit sie das Ziel des Gebetslebens erreichen: jene innige und tiefe Begegnung mit Gott. Damit sie durch ihre Treue zum Gebet wirklich Licht, Kraft und Frieden finden können, deren sie bedürfen, damit ihr Leben, gemäß dem Wunsch des Herrn, reichlich Frucht bringt.

Im Wesentlichen werde ich vom persönlichen Gebet sprechen. Das gemeinschaftliche Gebet, das ich nicht unterbewerten will, insbesondere die Teilnahme an der Liturgie der Kirche, ist eine grundlegende Dimension des christlichen Lebens. Dennoch werde ich vor allem vom persönlichen Gebet sprechen, denn da stoßen wir auf die meisten Schwierigkeiten. Zudem birgt das gemeinsame Gebet ohne das persönliche Gebet die Gefahr in sich, oberflächlich zu bleiben und nicht seine ganze Schönheit und seinen Wert zu entfalten. Ein liturgisches und sakramentales Leben, das nicht von einer persönlichen Begegnung mit Gott genährt wird und diese Begegnung nicht fördert, kann langweilig und fruchtlos werden.

Die Welt macht schwierige Zeiten durch und wird vielleicht immer schwierigere erleben. Umso notwendiger ist es, sich im Gebet zu verwurzeln, wie Jesus uns dazu im Evangelium einlädt:

> «Wacht und betet allezeit, damit ihr allem, was geschehen wird, entrinnen und vor den Menschensohn hintreten könnt»
> (Lk 21,36).

1.
Worum geht es beim Gebet?

*«Unser Leben ist so viel wert,
wie unser inneres Gebet wert ist.»*
Marthe Robin

Treue und Beharrlichkeit beim Beten (sie sind die grundlegende Vorbedingung und das Wichtigste im Gebetskampf) setzen eine starke Motivation voraus. Man muss überzeugt sein, dass es sich lohnt, diesen Weg einzuschlagen, auch wenn er nicht immer leicht ist, und dass der Wert dieser Treue nicht vergleichbar ist mit den Mühen und Schwierigkeiten, denen man dabei unvermeidlich begegnet. In diesem Kapitel möchte ich also die Hauptgründe darstellen, warum man «*allezeit beten und darin nicht nachlassen*» soll, wie Jesus uns dazu im Evangelium einlädt (vgl. Lk 18,1).

Zuvor aber ein Zitat des heiligen Petrus von Alkantara. Dieser Franziskaner, der im XVI. Jahrhundert lebte, war Theresia von Avila eine wichtige Stütze bei ihrem Reformwerk. Das Zitat ist seinem *goldenen Büchlein über die Betrachtung und das innerliche Gebet* entnommen:

> «Im Gebete reinigt sich die Seele von den Sünden, wird mit Liebe erfüllt, im Glauben befestigt, in der Hoffnung gestärkt, im Geiste erquickt. Das innere Gebet begründet das innere Leben, beruhigt das Herz, lehrt die Wahrheit erkennen, überwindet die Versuchungen, verscheucht die Traurigkeit, erneuert den echten Sinn der Kinder Gottes, richtet die Tugend wieder auf, verbannt die Lauigkeit, säubert die Flecken der Laster. Beim innern

Gebete erheben sich unaufhörlich lebendige Funken des himmlischen Verlangens von dem glühenden Feuer der göttlichen Liebe»[2].

Diesen Text möchte ich nicht kommentieren, nur wiedergeben als ansporndendes Zeugnis einer Erfahrung, der wir volles Vertrauen schenken dürfen. Vielleicht werden wir das nicht alle Tage so deutlich wahrnehmen, aber wenn wir treu sind, werden wir allmählich erfahren, dass alles, was in dieser schönen Textstelle versprochen wird, absolut wahr ist.

Ich möchte nun das Wort einem Zeugen aus jüngerer Zeit geben, unserem seligen Papst Johannes Paul II., indem ich eine Textstelle aus dem Apostolischen Schreiben *Novo Millennio ineunte* zitiere. Dieses an alle Gläubige gerichtete Schreiben wurde zum Abschluss des Jubiläumsjahres am 6. Januar 2001 veröffentlicht. Der Papst wollte damit die Kirche für das dritte Jahrtausend vorbereiten und ermahnte sie, «*zur Tiefe des Sees*» (vgl. Lk 5,4) hinauszufahren.

In diesem Schreiben zog der Papst die Bilanz des Jubiläumsjahres und lud dann in einer schönen und tiefen Meditation über das Geheimnis Jesu, der den Weg eines jeden Gläubigen erhellen soll, dazu ein, das Antlitz Christi zu betrachten, «Schatz und Freude der Kirche». Im dritten Teil ermahnt er, «neu anzufangen bei Christus», um sich den Herausforderungen des dritten Jahrtausends zu stellen. Er überträgt zwar den Ortskirchen, die konkreten programmatischen Züge festzuschreiben, legt aber einige

---

2. Das «goldene Büchlein» des heiligen Petrus von Alkantara über die Betrachtung und das innerliche Gebet. Aus dem Spanischen übersetzt und herausgegeben von P. Philibert Seeböck O. F. M., Würzburg, F. X. Bucher'sche Verlagsbuchhandlung, S. 19f.

für die gesamte Kirche grundlegende Punkte vor. Er weist darauf hin, dass jede Pastoralplanung einem jeden Christen im Wesentlichen ermöglichen soll, auf den mit der Taufe verbundenen Ruf zur Heiligkeit zu antworten, und erinnert an die Worte des II. Vatikanischen Konzils:

> «Alle Christgläubigen jeglichen Standes oder Ranges sind zur Fülle des christlichen Lebens und zur vollkommenen Liebe berufen.»

Um im Leben der Kirche eine «Pädagogik der Heiligkeit» einzuführen, bedarf es zuallererst der *Hinführung zum Gebet*. Hören wir Johannes Paul II.:

> *«Für diese "Pädagogik der Heiligkeit" braucht es ein Christentum, das sich vor allem durch die Kunst des Gebets auszeichnet. Das Jubiläumsjahr war ein Jahr intensivsten persönlichen und gemeinschaftlichen Betens. Aber wir wissen sehr wohl, dass auch das Gebet nicht "automatisch" vorausgesetzt werden kann. Beten muss man lernen, indem man diese Kunst immer aufs Neue gleichsam von den Lippen des göttlichen Meisters selbst abliest. So haben es die ersten Jünger getan: "Herr, lehre uns beten!"* (Lk 11,1). *Im Gebet entwickelt sich jener Dialog mit Christus, der uns zu seinen engsten Vertrauten macht: "Bleibt in mir, dann bleibe ich in euch"* (Joh 15,4). *Diese Wechselseitigkeit ist der eigentliche Kern, die Seele des christlichen Lebens und die Voraussetzung für jede echte Seelsorge. Vom Heiligen Geist gewirkt, macht sie uns durch Christus und in Christus offen, damit wir das Antlitz des Vaters betrachten können. Das Erlernen dieser trinitarischen Logik des christlichen Gebets, indem man es vor allem in der Liturgie, Höhepunkt und Quelle des kirchlichen Lebens, aber auch in der persönlichen Erfahrung lebt, ist*

das Geheimnis eines wirklich lebendigen Christentums, das keinen Grund hat, sich vor der Zukunft zu fürchten, weil es unablässig zu den Quellen zurückkehrt und sich in ihnen erneuert.»[3]

In diesem schönen Text erinnert uns Johannes Paul II. an die wesentlichen Punkte: Das Gebet ist die Seele des christlichen Lebens und die Voraussetzung für jede echte Seelsorge. Das Gebet macht uns zu Gottes Freunden, führt uns ein in sein Innerstes und in den Reichtum seines Lebens, lässt uns in ihm und ihn in uns bleiben. Ohne diese Wechselseitigkeit, diesen Liebesaustausch, den das Gebet bewirkt, ist die christliche Religion nur leerer Formalismus, die Verkündigung des Evangeliums nur Propaganda, das karitative Engagement ein Wohltätigkeitswerk, das am Sosein des Menschen nichts Grundlegendes ändert.

Sehr richtig und sehr wichtig finde ich auch die Aussage des Papstes, dass das Gebet «das Geheimnis eines wirklich lebendigen Christentums [ist], das keinen Grund hat, sich vor der Zukunft zu fürchten». Durch das Gebet vermögen wir, immer neues Leben aus Gott zu schöpfen, uns ständig neu beleben und erneuern zu lassen. Welches auch immer die Prüfungen, die Enttäuschungen, die Schwere der Situationen, die Misserfolge und Fehler sein mögen, durch das Gebet erlangen wir wieder genügend Kraft und Hoffnung, um das Leben auf uns zu nehmen und zuversichtlich in die Zukunft zu blicken. Das ist heute wirklich notwendig!

Etwas weiter unten erwähnt Johannes Paul II. ein in der heutigen Welt verbreitetes, oft mehrdeutiges Bedürfnis nach Spiritualität, das aber auch als eine Chance zu sehen ist,

---

3. *Novo Millennio Ineunte*, Nr. 32.

und zeigt, wie die Tradition der Kirche auf dieses Bedürfnis zuverlässig antwortet:

> «Die große mystische Tradition der Kirche im Osten wie im Westen hat diesbezüglich viel zu sagen. Sie zeigt, wie das Gebet Fortschritte machen kann. Als wahrer und eigentlicher Dialog der Liebe kann er die menschliche Person ganz zum Besitz des göttlichen Geliebten machen, auf den Anstoß des Heiligen Geistes hin bewegt und als Kind Gottes dem Herzen des Vaters überlassen. Dann macht man die lebendige Erfahrung der Verheißung Christi: "Wer mich liebt, wird von meinem himmlischen Vater geliebt werden, und auch ich werde ihn lieben und mich ihm offenbaren" (Joh 14,21).»

Er fährt fort und sagt, wie wichtig es ist, dass jede christliche Gemeinschaft (Familie, Pfarrgemeinde, charismatische Gruppe, katholische Aktionsgruppe usw.) in erster Linie ein Ort der Hinführung zum Gebet ist:

> «Ja, liebe Schwestern und Brüder, unsere christlichen Gemeinden müssen echte "Schulen" des Gebets werden, wo die Begegnung mit Christus nicht nur im Flehen um Hilfe Ausdruck findet, sondern auch in Danksagung, Lob, Anbetung, Betrachtung, Zuhören, Leidenschaft der Gefühle bis hin zu einer richtigen "Liebschaft" des Herzens. Ein intensives Gebet also, das jedoch nicht von der historischen Aufgabe ablenkt: Denn während es auf Grund seiner Natur das Herz der Gottesliebe öffnet, öffnet es dieses auch der Liebe zu den Brüdern und befähigt sie, die Geschichte nach Gottes Plan aufzubauen.»

Diese Aufforderung zum Gebet betrifft alle, auch die Laien. Wenn die Laien nicht beten oder sich mit einem oberflächlichen Gebet begnügen, sind sie in Gefahr:

«Aber man ginge fehl, würde man annehmen, die gewöhnlichen Christen könnten sich mit einem oberflächlichen Gebet zufrieden geben, das ihr Leben nicht zu erfüllen vermag. Besonders angesichts der zahlreichen Prüfungen, vor die die heutige Welt den Glauben stellt, wären sie nicht nur mittelmäßige Christen, sondern "gefährdete Christen". Denn sie würden das gefährliche Risiko eingehen, ihren Glauben allmählich schwinden zu sehen. Schließlich würden sie womöglich dem Reiz von "Surrogaten" erliegen, indem sie alternative religiöse Angebote annehmen und sogar den seltsamen Formen des Aberglaubens nachgeben.»

Und logischerweise schließt er wie folgt:

«Deshalb muss die Gebetserziehung auf irgendeine Weise zu einem bedeutsamen Punkt jeder Pastoralplanung werden.»

1. Das Gebet als Antwort auf einen Ruf

Die erste Motivation und Ermutigung zu einem Gebetsleben sollte die persönliche Einladung Gottes sein. Der Mensch sucht Gott, aber Gott sucht ihn noch mehr. Gott fordert uns auf, zu ihm zu beten. Denn seit jeher, und viel mehr als wir uns vorstellen können, wünscht er sich sehnlichst, mit uns eins zu werden.

Das solideste Fundament des Gebetslebens ist nicht unser eigenes Streben, unsere persönliche Initiative, unsere Sehnsucht (sie sind wertvoll, können aber manchmal fehlen), sondern der Ruf Gottes: *«Betet allezeit»* (vgl. Lk 18,1), *«Wacht und betet»* (Lk 21,36), *«Hört nicht auf, zu beten»* (Eph 6,18).

Wir beten nicht in erster Linie zu Gott, weil wir uns nach Gott sehnen oder vom Gebetsleben kostbare Wohltaten erwarten, sondern weil Gott dies von uns verlangt. Und er weiß, warum er das von uns verlangt. Sein Plan übertrifft unendlich alles, was wir erahnen, wünschen oder uns vorstellen können. Es gibt beim Beten ein Geheimnis, das uns gänzlich übersteigt. Die treibende Kraft des Gebetslebens ist der Glaube als vertrauensvoller Gehorsam gegenüber dem, was Gott uns anbietet – ohne dass wir uns die unermesslichen positiven Auswirkungen dieser demütigen und vertrauensvollen Antwort auf den Ruf Gottes vorstellen können. Wie Abraham, der sich auf den Weg machte, ohne zu wissen, wohin er ging, und so Vater von vielen wurde.

Wenn man nur der Vorteile wegen betet, die man sich vom Gebet erhofft, läuft man Gefahr, eines Tages den Mut zu verlieren. Diese Vorteile sind weder unmittelbar noch messbar. Wenn man in einer Haltung demütigen Gehorsams gegenüber dem Wort Gottes betet, wird man immer die Gnade der Beharrlichkeit haben. Hören wir folgende Worte von Marthe Robin:

> «Täglich möchte ich dem inneren Gebet treu, sehr treu sein trotz Trockenheit, Überdruss, Abneigung, die ich haben könnte … trotz unfreundlicher, entmutigender, drohender Worte, die mir der Teufel wiederholt sagen kann! … In den Tagen der Verwirrung und der großen Stürme werde ich mir sagen: Gott will es, meine Berufung will es, das genügt mir! Ich werde im inneren Gebet sein; ich werde die ganze Zeit, die man mir vorgeschrieben hat, im inneren Gebet verweilen; ich werde mein inneres Gebet, so gut ich kann, verrichten. Und wenn die Zeit des Heimgangs gekommen ist, werde ich zu Gott sagen dürfen: Mein Gott, ich habe kaum gebetet, kaum gearbeitet, kaum etwas getan, aber dir gehorcht. Ich habe sehr

gelitten, aber dir gezeigt, dass ich dich liebe und dass ich dich lieben möchte.»

Diese Haltung des liebevollen und vertrauensvollen Gehorsams ist die fruchtbarste von allen. Unser Gebetsleben wird umso reicher und erquickender sein, wenn es nicht von dem Wunsch, irgendetwas zu erlangen oder zu gewinnen, beseelt ist, sondern vom vertrauensvollen Gehorsam, von der Antwort auf Gottes Ruf. Gott weiß, was für uns gut ist, und das muss uns genügen. Wir dürfen das Gebet nicht unter dem Gesichtspunkt des Utilitarismus betrachten, uns in eine Logik der Wirksamkeit, der Rentabilität einschließen. Das würde alles pervertieren. Wir brauchen vor niemandem über die dem Gebet gewidmete Zeit Rechenschaft abzulegen. Gott lädt uns ein, wenn ich so sagen darf, für ihn «Zeit zu verlieren», das genügt. Das wird ein «fruchtbarer Verlust»[4] sein, um es mit den Worten von Therese von Lisieux zu sagen. Es gibt eine Dimension des freien Schenkens, die im Gebetsleben ganz und gar fundamental ist. Paradoxerweise ist das Gebet umso fruchtbarer, je mehr es freies Geschenk ist. Wir müssen uns Gott in einem solchen Maße anvertrauen, dass wir tun, was er von uns verlangt. Andere Rechtfertigungen brauchen wir nicht.

«Was er euch sagt, das tut!» (Joh 2,5), sagte Maria zu den Dienern bei der Hochzeit zu Kana. Dieses Fundament des freien Schenkens zwar stets wahrend, möchte ich dennoch eine Gruppe zusammenhängender Gründe beschreiben, die die dem Gebet gewidmete Zeit rechtfertigen. Der heilige

---

4. Gedicht 17.

Johannes vom Kreuz versichert: «Wer das Gebet flieht, der flieht das Gute überhaupt.»[5]

Warum das so ist, erklären wir nun.

2. Der Vorrang Gottes in unserem Leben

Sein volles Gleichgewicht und seine Schönheit findet das menschliche Leben nur, wenn Gott dessen Mitte ist. «Diene zuerst Gott!», sagte die heilige Johanna von Orléans. Die Treue zum Gebet vermag diesen Vorrang Gottes in konkreter und effektiver Weise zu gewährleisten. Die Gott gegebene Priorität droht ohne das Gebet nur ein guter Vorsatz zu sein, ja sogar eine Illusion. Wer nicht betet, wird nicht den lebendigen Gott, sondern sein «Ego» subtil, aber sicher zum Mittelpunkt seines Lebens machen. Er wird sich durch die vielen Wünsche, Verlockungen und Ängste verzetteln. Wer hingegen betet, wird sich, auch wenn er sich mit dem Gewicht des Ego, mit den Kräften der Abkapselung und des Egoismus, die in uns allen wohnen, auseinander setzen muss, von sich weg zu Gott hin bewegen und ihm allmählich ermöglichen, dem ihm gebührenden Platz in seinem Leben einzunehmen (oder wieder einzunehmen): den ersten. So wird er die Einheit und die Einheitlichkeit seines Lebens finden. «*Wer nicht mit mir sammelt, der zerstreut*», sagt Jesus (Lk 11,23). Wenn Gott die Mitte ist, findet alles seinen angemessenen Platz.

Gott den absoluten Vorrang vor allen anderen Realitäten (Arbeit, menschliche Beziehungen usw.) zu geben, ist das

---

5. Johannes vom Kreuz, Sämtliche Werke, Fünfter Band, *Kleinere Schriften*, Kösel-Verlag München 1956, III. Geistliche Leitsätze und Denksprüche, S. 119.

einzige Mittel, eine angemessene Beziehung zu den Dingen herzustellen, in echtem Engagement und einer gesunden Distanz, die die innere Freiheit und die Einheit des Lebens zu wahren vermag. Andernfalls wird man gleichgültig und nachlässig oder aber anhänglich, aufdringlich, zerstreut und unnötig unruhig.

Das Band mit Gott, das im Gebet geknüpft wird, ist auch ein grundlegendes Moment der Stabilität in unserem Leben. Gott ist der Fels, derjenige, dessen Liebe unerschütterlich ist, der *«Vater der Gestirne, bei dem es keine Veränderung und keine Verfinsterung gibt»* (Jak 1,17). In einer so instabilen, sich schnell verändernden Welt wie der unsrigen, in der die elektronischen Geräte ein Jahr nach ihrer Markteinführung veraltet sind, ist es umso wichtiger, unseren inneren Halt in Gott zu finden. Das Gebet lehrt uns, uns fest in Gott zu verwurzeln, *«in seiner Liebe zu bleiben»* (vgl. Joh 15,9), in ihm Kraft und Geborgenheit zu finden, und ermöglicht uns auch, für andere eine feste Stütze zu werden.

Dazu kommt noch, dass Gott die einzige unerschöpfliche Energiequelle ist. *«Wenn auch unser äußerer Mensch aufgerieben wird, der innere wird* [durch das Gebet] *Tag für Tag erneuert»*, um es mit den Worten des hl. Paulus zu sagen (2 Kor 4,16). Denken wir auch an die Worte des Propheten Jesaja:

> *«Die Jungen werden müde und matt, junge Männer stolpern und stürzen. Die aber, die dem Herrn vertrauen, schöpfen neue Kraft, sie bekommen Flügel wie Adler. Sie laufen und werden nicht müde, sie gehen und werden nicht matt»* (Jes 40,30-31).

Freilich wird es in unserem Leben Zeiten der Prüfung und der Mattigkeit geben, denn wir müssen unsere Schwäche, uns als arm und klein erfahren. Doch es bleibt wahr, dass Gott uns im Gebet die Energie – manchmal auch die körperlichen Kräfte – zu geben vermag, deren wir bedürfen, um ihm zu dienen und ihn zu lieben.

3. Frei geschenkte Liebe

Die Treue zum Gebet ist kostbar, denn sie hilft uns, den Aspekt des freien Schenkens in unserem Leben zu bewahren. Wie ich weiter oben sagte, bedeutet beten, seine Zeit für Gott verlieren. Eigentlich handelt es sich um eine Haltung frei geschenkter Liebe. Dieser Sinn des freien Schenkens ist heute sehr bedroht, da alles in Begriffen wie Rentabilität, Effizienz und Leistung gedacht wird. Für das menschliche Leben wird das schließlich zerstörerisch. Die wahre Liebe kann sich nicht auf die Kategorie des Nützlichen beschränken. Das Markusevangelium sagt uns bei der Einsetzung der Zwölf, dass Jesus sie erwählt hat, um sie zunächst «*bei sich [zu] haben*» (Mk 3,14), und erst dann, um seine Aufgaben mit ihnen zu teilen: predigen, Dämonen austreiben usw. Wir sind nicht nur Diener, wir sind zu Freunden berufen, zu einem gemeinsamen Leben und einer gegenseitigen Vertrautheit, jenseits jedes Utilitarismus; wie im Anfang, als bei der Abendbrise Gott mit Adam und Eva im Garten Eden spazieren gehen wollte (vgl. Gen 3,8). Ich liebe eines der Worte, die Gott an Schwester Marie de la Trinité[6] richtete, als er sie zu einem Leben im frei geschenkten Gebet, in der

---

6. Eine Dominikanerin (1903-1980), die mit großen mystischen Gnaden beschenkt wurde. Sie erfuhr aber auch eine schwere und lange Depression, bevor sie ihr Gleichgewicht und ihren Frieden wiederfand. Ihr Leben beendete sie als Einsiedlerin. Siehe Christiane Sanson, *Marie de la Trinité, de l'angoisse à la paix*, Cerf 2005.

Anbetung und der reinen Empfänglichkeit berief: «Man findet leichter Arbeiter zum Arbeiten als Kinder zum Feiern.»[7]

Beten heißt seine Zeit Gott schenken, sie mit ihm verbringen aus Freude über das Zusammensein. Beten bedeutet also lieben, denn seine Zeit schenken bedeutet sein Leben schenken. Liebe ist nicht in erster Linie, etwas für den anderen zu tun, sondern bei ihm zu sein. Im Gebet üben wir uns ein, unsere Aufmerksamkeit liebevoll auf Gott zu richten.

Es ist wunderbar, dass wir, wenn wir lernen, nur für Gott da zu sein, gerade dadurch lernen, für andere da zu sein. Bei Menschen mit einem langen Gebetsleben nimmt man eine Achtsamkeit, eine Wachheit, ein Offensein, eine innere Bereitschaft wahr – Fähigkeiten, die oft bei jenen fehlen, deren ganzes Leben von Aktivität geprägt ist. Aus dem Gebet gehen Feinfühligkeit, Achtung und Achtsamkeit hervor – kostbare Geschenke für jene, die mit solchen Menschen zu tun haben.

Es gibt keine schönere und wirksamere Schule der Achtsamkeit mit dem Nächsten als die Beharrlichkeit im Gebet. Gebet und Nächstenliebe gegenüberzustellen oder entgegenzusetzen wäre Unsinn.

4. Das Reich vorwegnehmen

Das Gebet lässt uns den Himmel vorwegnehmen, ein Glück erahnen und genießen, das nicht von dieser Welt ist, das uns hier auf Erden nichts und niemand zu schenken vermag: jenes Glück in Gott, zu dem wir bestimmt sind, für

---

7. Marie de la Trinité, *Entre dans ma gloire*, Editions Arfuyen, S. 74.

das wir erschaffen wurden. Im Gebetsleben begegnen uns zwar Kämpfe, Leiden, Trockenheiten (davon werden wir noch sprechen), aber wenn wir treu und beharrlich beten, kosten wir von Zeit zu Zeit ein unbeschreibliches Glück, einen Frieden und eine Sättigung, die ein Vorgeschmack auf das Paradies sind. *«Ihr werdet den Himmel geöffnet ... sehen»*, hat uns Jesus verheißen (Joh 1,51).

Die erste Regel des Ordens der Brüder von Unserer Lieben Frau vom Berge Karmel, der im XII. Jahrhundert im Heiligen Land gegründet wurde, lädt diese dazu ein, «Tag und Nacht über das Gesetz des Herrn nachzusinnen», in dem Bestreben: «die Kraft der göttlichen Gegenwart und die Sanftheit der himmlischen Herrlichkeit in gewisser Weise in unserem Herzen zu kosten und in unserem Geist zu erfahren, nicht erst nach dem Tod, sondern schon in diesem sterblichen Leben.»[8] Die heilige Theresia von Avila übernimmt denselben Gedanken in *Wohnungen der Inneren Burg*:

> «... bitten wir den Herrn, damit er uns seine Gnade gebe, da wir schon gewissermaßen hier auf Erden den Himmel genießen können, dass das nicht an unserer Schuld scheitere, sondern er uns den Weg zeige und in die Seele Kräfte zum Graben hineingebe, bis wir diesen verborgenen Schatz finden; denn es ist wahr, dass er in uns selbst liegt.»[9]

Durch das Gebet vermögen wir, zu jenen Wirklichkeiten zu gelangen, die der heilige Paulus verkündet:

---

8. Zitiert von E. Renault, *Ste Thérèse d'Avila et l'expérience mystique*, Seuil, coll. Maîtres spirituels, S. 126.
9. Teresa von Avila, *Wohnungen der Inneren Burg*, Gesammelte Werke Band 4, Verlag Herder Freiburg im Breisgau 2005, Fünfte Wohnungen, Kapitel 1, S. 174.

> «... was kein Auge gesehen und kein Ohr gehört hat, was keinem Menschen in den Sinn gekommen ist: das Große, das Gott denen bereitet hat, die ihn lieben» (1 Kor 2,9).

Durch das Gebet lernt also der Mensch schon auf dieser Erde, was seine Beschäftigung und seine Freude in der Ewigkeit sein werden: sich an der göttlichen Schönheit und der Herrlichkeit des Reiches zu begeistern. Er lernt, das zu tun, wofür er geschaffen wurde. Er setzt seine schönsten und tiefsten menschlichen Fähigkeiten ein – Fähigkeiten, die häufig nicht genutzt werden: seine Fähigkeit anzubeten, zu bewundern, zu lobpreisen und zu danken. Er erlangt wieder ein kindliches Herz und einen kindlichen Blick, um über die über jede Schönheit erhabene Schönheit und über die jede Liebe übersteigende Liebe zu staunen.

Beten bedeutet also auch die Verwirklichung unserer Menschlichkeit nach den tiefsten Möglichkeiten unserer Natur und den geheimsten Sehnsüchten unseres Herzens. Natürlich empfindet man das nicht alle Tage, aber wer sich in Treue und mit gutem Willen auf das Gebet einlässt, wird zumindest in gewissen Augenblicken der Gnade etwas davon erfahren. Da es vor allem in unserer heutigen Welt so viel Hässlichkeit, Böses und Schwerfälligkeit gibt, offenbart Gott, der treu ist und unsere Hoffnung wecken will, seinen Kindern ganz bestimmt die Schätze seines Reiches. Der heilige Johannes vom Kreuz versicherte im XVI. Jahrhundert:

> «Zu allen Zeiten hat der Herr den Sterblichen die Schätze seiner Weisheit und seines Geistes geoffenbart. Da aber

heute die Bosheit mehr und mehr überhand nimmt, teilt er sie auch reichlicher mit.»[10]

Was würde er heute sagen!

Ich persönlich bin über manche Gebetsgnaden erstaunt, die jetzt viele Menschen erhalten, zum Beispiel ganz einfache Laien während der wöchentlichen eucharistischen Anbetung in ihrer Pfarrgemeinde. In den Zeitungen spricht man nicht davon, aber im Volk Gottes gibt es ein echtes mystisches Leben, vor allem bei den Armen und Kleinen.

> *«In dieser Stunde rief Jesus, vom Heiligen Geist erfüllt, voll Freude aus: Ich preise dich, Vater, Herr des Himmels und der Erde, weil du all das den Weisen und Klugen verborgen, den Unmündigen aber offenbart hast. Ja, Vater, so hat es dir gefallen»* (Lk 10,21).

Etwas Schönes möchte ich anmerken: Wenn wir uns in die Gemeinschaft mit Gott begeben, lässt uns das Gebet teilhaben an der Kreativität Gottes. Die Kontemplation nährt unsere kreativen Fähigkeiten und unsere Erfindungsgabe, insbesondere auf dem Gebiet der Schönheit. Der zeitgenössischen Kunst fehlt die Inspiration, sie bringt oft nur eine bedauerliche Hässlichkeit hervor, während doch der Mensch so sehr nach Schönheit verlangt. Nur durch eine Erneuerung im Glauben und im Gebet können die Künstler zu den Quellen der echten Kreativität zurückkehren und – wie Fra Angelico, Rembrandt, Johann Sebastian Bach – dem Menschen die Schönheit verschaffen, die er so nötig hat.

---

10. Johannes vom Kreuz, Sämtliche Werke, Fünfter Band, *Kleinere Schriften*, Kösel-Verlag München 1956, Leitsätze und Denksprüche nach der Urschrift von Andujar, S. 59.

5. Gotteserkenntnis und Selbsterkenntnis

Eine Frucht des Gebetes ist eine zunehmende Gottes- und Selbsterkenntnis. Diesbezüglich gäbe es viel zu sagen und die geistlichen Autoren haben uns dazu recht viel überliefert. Ich kann nur kurz davon sprechen.

Das Gebet führt uns allmählich in eine echte Gotteserkenntnis hinein. Gott ist kein abstrakter, ferner Gott, nicht Voltaires «großer Uhrmacher» oder der Gott der Philosophen und Wissenschaftler, auch nicht der Gott einer gewissen kalten und verstandesmäßigen Theologie, sondern der persönliche, lebendige und wahre Gott, der Gott Abrahams, Isaaks und Jakobs, der Vater unseres Herrn Jesus Christus, der Gott, der zum Herzen spricht, wie Pascal sich ausdrückt. Er ist nicht der Gott, von dem wir einige Vorstellungen aus unserer Erziehung oder unserer Kultur haben, mit denen wir uns begnügen, auch kein Gott, der das Produkt unserer psychologischen Projektionen wäre, sondern der wahre Gott.

Durch das Gebet vermögen wir von unseren stets falschen oder zu beschränkten Vorstellungen von Gott zu einer Gotteserfahrung überzugehen. Das ist etwas ganz anderes. Im Buch Ijob findet man diesen schönen Ausdruck:

> «*Vom Hörensagen nur hatte ich von dir vernommen; jetzt aber hat mein Auge dich geschaut*» (Job 42,5).

Hauptzweck dieser persönlichen Offenbarung Gottes, die wesentliche Frucht des Gebetes, ist es, ihn als Vater zu erkennen. Durch Christus, im Licht des Geistes, offenbart sich Gott als Vater. In der weiter oben zitierten Lukasstelle, in der Jesus vor Freude darüber frohlockt, dass die den

Weisen und Intelligenten verborgene Offenbarung den ganz Kleinen mitgeteilt wird, heißt es weiter:

> «Mir ist von meinem Vater alles übergeben worden; niemand weiß, wer der Sohn ist, nur der Vater, und niemand weiß, wer der Vater ist, nur der Sohn und der, dem es der Sohn offenbaren will.»

Der Gegenstand dieser Offenbarung ist also das Geheimnis der Vaterschaft Gottes: Gott, der nie versiegende Quell des Lebens, der Urgrund, die unerschöpfliche Gabe, der Freigebige, der Gütige, der Zärtliche, der unendlich Barmherzige. Die überaus schöne Textstelle im Buch Jeremia, Kapitel 31, die den Neuen Bund ankündigt, schließt mit folgenden Worten:

> «Denn das wird der Bund sein, den ich nach diesen Tagen mit dem Haus Israel schließe – Spruch des Herrn: Ich lege mein Gesetz in sie hinein und schreibe es auf ihr Herz. Ich werde ihr Gott sein und sie werden mein Volk sein. Keiner wird mehr den andern belehren, man wird nicht zueinander sagen: Erkennt den Herrn!, sondern sie alle, Klein und Groß, werden mich erkennen – Spruch des Herrn. Denn ich verzeihe ihnen die Schuld, an ihre Sünde denke ich nicht mehr.»

Dieser Text verbindet in sehr schöner Weise die allen zuteil werdende Erkenntnis Gottes mit seiner überschwänglichen Barmherzigkeit und Vergebung.

Gott wird in seiner Größe, seiner Transzendenz, seiner Majestät und seiner unendlichen Macht erkannt, aber zugleich auch in seiner Zärtlichkeit, seiner Nähe, seiner Milde, seiner nie versiegenden Barmherzigkeit. Diese Erkenntnis ist kein Wissen, sondern lebendige Erfahrung. Jene in der messianischen Zeit allen zuteil werdende Gotteserkenntnis wird auch vom Propheten Jesaja in sehr anschaulicher Weise angekündigt:

> «*denn das Land ist erfüllt von der Erkenntnis des Herrn, so wie das Meer mit Wasser gefüllt ist*» (Jes 11,9).

Die Gotteserkenntnis eröffnet auch den Zugang zur echten Selbsterkenntnis. Der Mensch kann sich nur im Lichte Gottes wirklich erkennen. Alles, was er von sich selbst auf menschlichen Wegen (Lebenserfahrung, Psychologie, Humanwissenschaften) erkennen kann, ist natürlich nicht zu verachten. Doch ist das nur eine begrenzte und unvollständige Erkenntnis seines Wesens. Zu seiner tiefen Identität hat er nur Zugang im Lichte Gottes, in dem Blick, den sein Vater im Himmel auf ihn richtet.

Diese Erkenntnis hat zwei Aspekte: einen auf den ersten Blick negativen Aspekt, der dann aber zu etwas äußerst Positivem führt. Davon werde ich später noch ausführlicher sprechen. Deshalb will ich ihn hier nur mit einigen Worten erwähnen.

Der negative Aspekt betrifft unsere Sünde, unsere tiefe Not. Man erkennt sie wirklich nur im Lichte Gottes. Vor ihm sind keine Lügen mehr möglich, gibt es keine Ausflüchte, keine Rechtfertigung, fallen alle Masken. Wir erkennen wohl oder übel, wer wir sind, unsere Wunden, unsere Schwächen, unsere Dissonanzen, unsere Egoismen, unsere Herzenshärte, unser geheimes Einverständnis mit dem Bösen usw.

Dem Wort Gottes ausgesetzt zu sein ist keine Kleinigkeit.

«Denn lebendig ist das Wort Gottes, kraftvoll und schärfer als jedes zweischneidige Schwert; es dringt durch bis zur Scheidung von Seele und Geist, von Gelenk und Mark; es richtet über die Regungen und Gedanken des Herzens; vor ihm bleibt kein Geschöpf verborgen, sondern alles liegt nackt und bloß vor den Augen dessen, dem wir Rechenschaft schulden» (Hebr 4,12-13).

Erfreulicherweise ist Gott zärtlich und barmherzig: dieses Ans-Licht-bringen geschieht nur allmählich, in dem Maße, wie wir es ertragen können. Wenn Gott uns unsere Sünde zeigt, dann offenbart er uns gleichzeitig seine Vergebung und seine Barmherzigkeit. Wir werden die Trostlosigkeit unserer Sündhaftigkeit entdecken, aber auch unsere völlige geschöpfliche Armut: wir haben nur das, was wir von Gott erhalten haben, und zwar aus reiner Gnade; nichts können wir uns zuschreiben noch uns irgendeiner Sache rühmen.

Diese Phase der Wahrheit ist notwendig; es gibt keine Heilung ohne Kenntnis der Krankheit. Nur die Wahrheit macht frei. Erfreulicherweise ist das nicht alles. Es führt zu etwas noch Tieferem und unendlich Schönem: jenseits unserer Sünden und unserer Nöte entdecken wir, dass wir Kinder Gottes sind. Gott liebt uns so, wie wir sind, mit einer völlig bedingungslosen Liebe – und diese Liebe macht unsere tiefste Identität aus.

Es gibt gleichsam einen heilen Kern: unsere Identität als Söhne Gottes, die tiefer und wesentlicher ist als unsere menschlichen Grenzen und das auf uns einwirkende Böse. Ich bin ein befleckter Mensch. Dringend bedarf ich der Reinigung und der Umkehr. Dennoch gibt es in mir etwas völlig Reines und Heiles: die Liebe, die Gott als Schöpfer und Vater für mich empfindet; sie ist Grundlage meiner Identität, meiner unveräußerlichen Sohnschaft. Erst wenn ich im Glauben zu ihr gelange, vermag ich den Weg der notwendigen Umkehr und Reinigung einzuschlagen.

Jeder Mensch ist auf der Suche nach seiner Identität, seiner tiefen Persönlichkeit. Wer bin ich? Diese Frage stellt man sich manchmal ängstlich in der Mitte seines Lebens. Man strebte danach, seine Persönlichkeit zu entfalten, sich selbst zu verwirklichen gemäß seinen inneren Wünschen und den Erfolgskriterien seines kulturellen Umfelds. Man setzte sich in der Arbeit, in der Familie, in den Beziehungen, in den verschiedenen Verantwortlichkeiten usw. ein – manchmal bis zur Erschöpfung … Dennoch bleibt man irgendwo leer, unzufrieden, ratlos: Wer bin ich wirklich? Bringt die Art und Weise, wie ich bis heute gelebt habe, wirklich zum Ausdruck, was ich bin?

Ein gut Teil meiner Identität ergibt sich aus meiner Geschichte, meinem Erbgut, meinen Erlebnissen und meinen Entscheidungen, aber das ist nicht das Tiefste. Das Tiefste offenbart und entfaltet sich nur in der Begegnung mit Gott, der meine Identität von allem Künstlichen und Aufgesetztem befreit und mich so zu dem gelangen lässt, was ich wirklich bin, zum Herzen meiner Persönlichkeit. Unsere wahre Persönlichkeit ist nicht so sehr eine zu errichtende Wirklichkeit als vielmehr ein zu empfangendes Geschenk. Es geht nicht darum, irgendetwas zu erringen, sondern sich zeugen zu lassen. *«Mein Sohn bist du. Heute habe ich dich gezeugt»* (Hebr 5,5). Diese Worte können wir uns ganz zu Eigen machen.

Das Wesen meiner Persönlichkeit besteht aus zwei einfachen Wirklichkeiten, aber von unerschöpflichem Reichtum. Ich bin berufen, diese beiden Wirklichkeiten allmählich zu entdecken: die einzigartige Liebe, die Gott zu mir hat, und die einzigartige Liebe, die ich zu ihm haben kann.

Das Gebet und die Begegnung mit Gott lassen mich die einzigartige Liebe Gottes zu mir entdecken. Jeder Mann (und noch mehr jede Frau!) sehnt sich zutiefst danach, sich in einzigartiger Weise geliebt zu fühlen – nicht in allgemeiner Weise wie eines von vielen Gliedern einer größeren Gruppe, sondern in einzigartiger Weise geschätzt und geachtet zu werden. Eine Liebeserfahrung ist so faszinierend, weil sie Folgendes erahnen lässt: Ein Wesen erlangt für mich einen Wert, den kein anderes hat, und auch ich habe in seinen Augen einen einzigartigen Wert.

Das vollbringt die Liebe des Vaters. In seinem Blick kann jeder von uns erfahren, dass er in höchst persönlicher Weise von Gott geliebt und erwählt ist. Wir haben oft das Gefühl, dass Gott in allgemeiner Weise liebt: Er liebt alle Menschen, zu denen auch ich gehöre, also muss er sich für mich ein klein wenig interessieren! Aber «pauschal» geliebt zu werden, wie ein Teil eines Ganzen, kann uns nicht zufrieden stellen. Das entspricht auch keineswegs der Wirklichkeit der Liebe des Vaters, der zu jedem seiner Kinder eine besondere und einzigartige Liebe hat. ==Die Liebe Gottes ist persönlich und individualisierend.== Jeder von uns kann völlig zu Recht sagen: ==So wie Gott mich liebt, liebt er niemand anderen auf der Welt!== Gott liebt nicht zwei Personen in derselben Weise, da ja seine Liebe genau das ist, was die eigentliche Persönlichkeit ausmacht, die bei jedem anders ist. ==Es gibt viel mehr Unterschiede bei den Seelen als bei==

den Gesichtern, sagt die heilige Theresia von Avila. Diese einzigartige Persönlichkeit ist versinnbildlicht durch den «neuen Namen», von dem die Schrift spricht. Im Buch Jesaja heißt es:

> «*Man ruft dich mit einem neuen Namen, den der Mund des Herrn für dich bestimmt*» (Jes 62,2).

Und in der Offenbarung:

> «*Wer Ohren hat, der höre, was der Geist den Gemeinden sagt: Wer siegt, dem werde ich von dem verborgenen Manna geben. Ich werde ihm einen weißen Stein geben und auf dem Stein steht ein neuer Name, den nur der kennt, der ihn empfängt*» (Offb 2,17).

Diese einzigartige Liebe, die Gott für jeden empfindet, schließt unsere einzigartige Antwort mit ein. Bei vielen Heiligen, und vor allem bei den weiblichen, findet man solche Worte: «Jesus, ich möchte dich so lieben, wie noch niemand dich jemals geliebt hat! Für dich Torheiten begehen, die noch niemand jemals begangen hat!»

Vor diesen Worten fühlen wir uns recht arm, da uns bewusst ist, dass wir die Liebe all derer nicht übertreffen können, die vor uns gelebt haben. Dennoch ist dieses Verlangen nicht vergeblich und kann sich im Leben jedes Menschen erfüllen. Selbst wenn ich keine Theresia von Avila bin und auch kein Franz von Assisi, kann ich Gott, meinen Brüdern und Schwestern, der Kirche und der Welt eine Liebe schenken, die ihnen noch niemand geschenkt hat. Jene Liebe, die ich entsprechend meiner Persönlichkeit zu schenken vermag als Antwort auf die mir von Gott erwiesenen Liebe und mit seiner Gnade. Im Herzen Gottes, im Geheimnis der Kirche habe ich einen einzigartigen Platz, eine einzigartige und unersetzbare Rolle, eine eigene Fruchtbarkeit, die von niemand anderem übernommen werden können.

Wenn ich als Frucht des Gebetes jene doppelte Gewissheit erhalte – die Gewissheit, in einzigartiger Weise geliebt zu werden, und die Gewissheit, in einzigartiger Weise lieben zu können (trotz meiner Schwächen und meiner Grenzen) –, so ist das ein äußerst kostbares Geschenk. Denn der tiefste und unverbrüchlichste Kern unserer Identität entsteht auf diese Weise.

Natürlich handelt es sich um eine Wirklichkeit, die geheimnisvoll, kaum wahrnehmbar, großenteils unbeschreiblich bleibt. Sie ist nicht etwas, dessen man sich bemächtigen kann, dessen man sich rühmen könnte. Sie kann nur in großer Demut und Armut gelebt werden. Sie ist mehr Gegenstand des Glaubens und der Hoffnung als ein Besitz, von dem man Gebrauch machen könnte. Dennoch ist sie ziemlich reell und gewiss. Sie verleiht uns die innere Freiheit und Geborgenheit, deren wir bedürfen, um uns dem Leben vertrauensvoll zu stellen.

Aufgrund des soeben Gesagten und aus noch vielen anderen Gründen ist die Entdeckung Gottes als Vater die wesentliche Frucht der Treue zum inneren Gebet, das Kostbarste auf der Welt, das größte Geschenk des Heiligen Geistes.

> «Denn ihr habt nicht einen Geist empfangen, der euch zu Sklaven macht, so dass ihr euch immer noch fürchten müsstet, sondern ihr habt den Geist empfangen, der euch zu Söhnen macht, den Geist, in dem wir rufen: Abba, Vater! So bezeugt der Geist selber unserem Geist, dass wir Kinder Gottes sind»
> (Röm 8,15-16).

Gott ist unser Vater – das ist die tiefste, reichste und unbeschreiblichste Wirklichkeit, ein unbegreiflich tiefes Leben und Erbarmen. Es gibt nichts Beglückenderes, als Sohn zu sein, in dieser Vaterschaft zu leben, sich selbst anzunehmen und alles von der Güte und Freigebigkeit Gottes zu empfangen. In jedem Augenblick unseres Lebens sollen wir vertrauensvoll alles von der Gabe Gottes erwarten. «Wie schön ist es, Gott unseren Vater zu nennen», sagte Therese von Lisieux und vergoss dabei Tränen des Glücks.[11]

6. Aus dem Gebet erwächst das Mitfühlen mit dem Nächsten

Eines der schönsten Früchte des Gebetes (und ein Unterscheidungsmerkmal für dessen Echtheit) ist die größer werdende Nächstenliebe.

Wenn unser Gebet echt ist (weiter unten werden wir sehen, was das bedeutet), bringt es uns Gott näher, vereinigt es uns mit ihm und lässt uns folglich die unendliche Liebe, die er für jedes seiner Geschöpfe empfindet, wahrnehmen und weitergeben. Das Gebet macht das Herz weit und weich. Wo das Gebet fehlt, verhärten sich die Herzen und die Liebe erkaltet. Dazu gäbe es viel zu sagen und viele Zeugnisse abzulegen. Ich begnüge mich einfach damit, einen schönen Text vom heiligen Johannes vom Kreuz zu zitieren. Er ist ein Meister der Mystik, aber auch (im Gegensatz zu dem Bild, das man manchmal von ihm hat) einer der zärtlichsten und mitfühlendsten Männer, die die Welt gekannt hat.

---

11. Berichtet von ihrer Schwester Céline in: Geneviève de la Sainte-Face, *Conseils et souvenirs*.

«Und es ist eine offenbare Wahrheit, daß das Mitleid mit dem Nächsten um so mehr zunimmt, je inniger sich die Seele in Liebe mit Gott vereinigt. Denn je mehr sie Gott liebt, desto glühender wünscht sie, daß er von allen geliebt und verehrt werde. Und je mächtiger sich dieses Verlangen steigert, desto mehr bemüht sie sich darum sowohl durch Gebet als durch alle möglichen anderen Übungen, die dazu zweckdienlich sind. Und diese Liebesglut ist so gewaltig, daß solche, die Gott besitzen, sich nicht begnügen und auch nicht zufrieden sind mit ihrem eigenen Gewinn, vielmehr scheint es ihnen zu wenig zu sein, allein in den Himmel einzugehen; und so suchen sie in ihrem himmlischen Liebesdrang mit der bestmöglichsten Sorgfalt recht viele mit sich in den Himmel zu führen. Dies mag seinen Grund in ihrer innigen Liebe zu Gott haben, und diese ist hinwiederum die eigene Frucht und der Ausdruck ihres vollkommen beschaulichen Lebens.»[12]

7. Das innere Gebet – ein Weg zur Freiheit

Die Treue zum Gebet ist ein Weg zur Freiheit. Sie erzieht uns allmählich dazu, in Gott die ersehnten essenziellen Güter zu suchen (und zu finden, denn *«wer sucht, der findet»*, versichert das Evangelium bei Matthäus 7,8): die unendliche und ewige Liebe, Frieden, Geborgenheit, Glück…

Wenn wir nicht lernen, aus der Hand Gottes jene Güter zu empfangen, die für uns so notwendig sind, laufen wir große Gefahr, sie woanders zu suchen und von den Wirklichkeiten dieser Welt (den materiellen Reichtümern,

---

12. Johannes vom Kreuz, Sämtliche Werke, Fünfter Band, *Kleinere Schriften*, Kösel-Verlag München 1956, IV. Aussprüche über das geistliche Leben, S. 127.

der Arbeit, den Beziehungen ...) das zu erwarten, was sie uns nicht geben können.

Unsere Beziehungen zum Nächsten sind oft enttäuschend, weil wir, ohne dass wir uns dessen immer bewusst sind, von ihm Dinge erwarten, die er uns nicht verschaffen kann. Von solchen privilegierten Beziehungen erwarten wir absolutes Glück, vollständige Anerkennung, vollkommene Geborgenheit. Keine geschaffene Wirklichkeit, keine menschliche Person, keine Tätigkeit kann diese Erwartung vollkommen erfüllen. Da wir zu viel erwarten, es aber nicht erhalten, sind wir verbittert, enttäuscht und schließlich jenen furchtbar böse, die unseren Erwartungen nicht entsprochen haben. Das ist nicht ihre Schuld, sondern unsere überzogene Erwartung. Wir wollen von einem Menschen Güter erhalten, die uns nur Gott gewähren kann.

Hierbei möchte ich die zwischenmenschlichen Beziehungen und die verschiedenen menschlichen Tätigkeiten keineswegs herabsetzen. Ich glaube fest an die Liebe, an die Freundschaft, an das brüderliche Leben, an all das, was wir in unseren gegenseitigen Beziehungen voneinander erhalten können. Die Begegnung mit einem Menschen und die mit ihm geknüpften Bande können manchmal ein herrliches Geschenk Gottes sein. Oft findet Gott Gefallen daran, uns durch die Freundschaft oder die liebevolle Fürsorge eines Menschen, den er uns zur Seite stellt, seine Liebe zu zeigen. Aber der Mittelpunkt muss Gott bleiben und wir dürfen nicht von einem armen, begrenzten und unvollkommenen menschlichen Geschöpf das fordern, was allein Gott zu geben vermag.

Ich will auch nicht behaupten, dass uns die weiter oben erwähnten Güter (Frieden, Glück, Geborgenheit usw.) sofort gewährt werden, sobald wir beten. Aber wahr bleibt: Die Treue zum Gebet bringt in konkreter Weise zum Ausdruck, dass wir diese Güter zuversichtlich und gläubig von Gott erwarten, und nach und nach wird uns gewährt werden, was wir von seiner Barmherzigkeit erhoffen und erwarten. Das ist für die Ausgeglichenheit unserer menschlichen Beziehungen entscheidend und wir verlangen nicht von anderen, was sie uns nicht geben können, und vermeiden so die sich manchmal daraus ergebenden dramatischen Folgen.

Je mehr Gott der Mittelpunkt unseres Lebens ist, je mehr wir alles von Ihm und allein von Ihm erwarten, umso bessere Chancen haben unsere menschlichen Beziehungen, harmonisch und glücklich zu sein.

Von irgendeiner Wirklichkeit das zu erwarten, was uns nur Gott gewähren kann, wird in der biblischen Tradition Götzendienst genannt. Wir können vieles vergöttern, ohne uns dessen bewusst zu sein: Menschen, eine Arbeit, den Erwerb eines Diploms, die Entfaltung gewisser Fähigkeiten, den Erfolg, die Liebe, das Vergnügen usw. Diese Dinge sind an sich gut, aber nur wenn wir von ihnen nicht mehr verlangen als das, was legitim ist. Durch den Götzendienst verlieren wir immer einen Teil unserer Freiheit. Abgötter enttäuschen; recht oft hasst man schließlich das, was man angebetet hat. Gott wird uns nie enttäuschen. Er wird uns auf unerwartete und manchmal schmerzliche Wege führen, aber unsere Erwartungen wird er erfüllen. *«Bei Gott allein kommt meine Seele zur Ruhe»* (Ps 62,2).

Die Erfahrung zeigt, dass uns die Treue zum Gebet, auch wenn es manchmal schwierige Phasen gibt, Zeiten der Trockenheit und der Prüfung, allmählich einen tiefen

Frieden, Geborgenheit und Glück in Gott finden lässt. Das macht uns den anderen gegenüber frei. Wenn ich mein Glück und meinen Frieden in Gott finde, vermag ich, meinem Nächsten viel zu geben und ihn so anzunehmen, wie er ist, ohne ihm böse zu sein, wenn er nicht meinen Erwartungen entspricht. Gott genügt.

Ich möchte hinzufügen, dass wir dadurch, dass wir im Gebet ein Glück finden, ja sogar ein gewisses Vergnügen, freier werden von jener begierigen Jagd nach menschlicher Befriedigung, die unsere ständige Versuchung ist. Unsere Welt erfährt eine große geistliche Leere und erstaunt sehe ich, wie sehr diese innere Leere zu einer rasenden Jagd nach sinnlicher Befriedigung führt. Ich habe nichts gegen die legitimen Vergnügungen des Lebens: ein gutes Essen, einen guten Tropfen oder entspannende Bäder. Sie sind Gottes Geschenk. Doch ist es ratsam, sie maßvoll zu gebrauchen. Manchmal gibt es in unserer Welt ein unersättliches Verlangen nach Empfindungen, nach Genuss, nach immer neuen und intensiveren Gefühlen. Das kann zu zerstörenden Verhaltensweisen führen, wie man das im Bereich der Sexualität, der Dogen usw. feststellt. Oft führt die Jagd nach immer stärkeren Gefühlen schließlich zur Enfesselung der Gewalt.

Wenn der *Sinn* fehlt, versucht man ihn durch die *Sinnesempfindung* zu ersetzen. «Erlebt den Nervenkitzel!», hieß es kürzlich bei einer Autowerbung. Das ist aber eine Sackgasse, die nur zu Frustrationen, ja sogar zu Selbstzerstörung und Gewalt führt. Selbst tausend Befriedigungen machen nicht glücklich ...

Eine letzte Bemerkung zum Gebet als einem Weg zur Freiheit. Wie wir weiter unten sehen werden, lässt uns die

Treue zum inneren Gebet nach und nach erfahren, dass die wahren Schätze innerlich sind, dass wir in uns das Reich und sein Glück besitzen. Diese Entdeckung macht uns freier gegenüber den irdischen Gütern, sie befreit uns allmählich von dem übermäßigen Verlangen nach Besitz, von jener heutigen Tendenz, das Leben mit einer Unmenge von materiellen Dingen anzufüllen, die uns schließlich belasten und unser Herz verhärten.

8. Das Gebet eint unser Leben

Aufgrund der Treue erweist sich das Gebet mit der Zeit als ein wunderbarer «Brennpunkt» unseres Lebens. In der Begegnung mit Gott legen wir Tag für Tag vertrauensvoll unser Leben und unsere verschiedenen Erlebnisse in seine Vaterhände. Nach und nach wird gleichsam alles innerlich aufgenommen, integriert, dem Chaos, der Verzettelung, der Uneinheitlichkeit entrissen. Das Leben findet dann seine tiefe Einheit. Gott ist der eine Gott, derjenige, der unser Herz, unsere Persönlichkeit, unser ganzes Leben eint. Psalm 86 bringt jene schöne Bitte zum Ausdruck: *«Richte mein Herz darauf hin, allein deinen Namen zu fürchten!»* Dank der regelmäßigen Begegnung mit Gott im Gebet wird schließlich alles positiv: unsere Wünsche, unser guter Wille, unsere Bemühungen, aber auch unsere Armut, unsere Fehler, unsere Sünden. Die glücklichen und unglücklichen Umstände, die guten und schlechten Entscheidungen, alles wird in Christus gleichsam «rekapituliert» und zur Gnade. Schließlich bekommt alles einen Sinn und wird in die größer werdende Liebe aufgenommen. «Die Liebe [ist] so mächtig in Werken, dass sie Nutzen aus allem zieht, aus

Gut und Bös in mir»[13], sagt die heilige Therese vom Kinde Jesus, indem sie Johannes vom Kreuz zitiert.

In den Berichten über die Kindheit Jesu heißt es im Lukasevangelium von der Jungfrau Maria: *«Maria aber bewahrte alles, was geschehen war, in ihrem Herzen und dachte darüber nach»* (Lk 2,19) und *«Seine Mutter bewahrte alles, was geschehen war, in ihrem Herzen»* (Lk 2,51). Alles, was Maria erlebte, die empfangenen Gnaden, die vernommenen Worte, die lichtvollen wie auch schmerzlichen und unverständlichen Ereignisse, bewahrte sie in ihrem Herzen und in ihrem Gebet; schließlich bekam so alles eines Tages einen Sinn, nicht aufgrund einer intellektuellen Analyse, sondern dank ihrem inneren Gebet. Sie ließ sich die Dinge nicht durch den Kopf gehen, sondern bewahrte sie in einem vertrauensvollen und betenden Herzen, in dem schließlich alles seinen Platz fand, sich einte und einfacher wurde.

Ohne die Treue zum Gebet birgt unser Leben die große Gefahr in sich, seine Einheitlichkeit nicht zu finden: *«Wer nicht mit mir sammelt, der zerstreut»*, sagt Jesus (Mt 12,30).

---

13. Therese vom Kinde Jesus, *Selbstbiographische Schriften*, Johannes Verlag Einsiedeln, Zwölfte Auflage 1991, S. 184.

2.
Die Bedingungen für ein fruchtbares Gebet

*«Ich habe euch erwählt und dazu bestimmt,
dass ihr euch aufmacht und Frucht bringt
und dass eure Frucht bleibt.»*
Joh 15,16

In diesem zweiten Kapitel möchte ich auf folgende Frage antworten: Was ermöglicht unserem Gebetsleben, Gott wirklich zu begegnen und infolgedessen reiche und dauerhafte Frucht zu bringen?

In der Vorrede seines Werkes *Aufstieg zum Berge Karmel* versichert der heilige Johannes vom Kreuz etwas Erstaunliches:

> «Anderseits können manche Seelen meinen, sie könnten gar nicht beten, während sie in der Tat eine sehr hohe Gebetsweise üben; und wieder andere gibt es, die auf hoher Gebetsstufe zu sein wähnen, während ihr Gebet weniger als nichts ist.»

Mit anderen Worten: Es gibt Menschen, die meinen, sie beten schlecht, und sehr gut beten, während sich andere einbilden, gut zu beten, und schlecht beten!

Wie können wir das unterscheiden? Nach welchen Kriterien?

Es ist nicht leicht, die Qualität eines Gebetslebens zu erkennen; vor allem wenn es sich um das eigene handelt! Dennoch werde ich mich auf diesen schwierigen Boden begeben, denn die Frage ist von Bedeutung.

Für die Beurteilung unseres Gebetslebens können wir von zwei Gesichtspunkten ausgehen: dem der Frucht und wie wir beim Beten vorgehen. Ich werde mich nacheinander beiden zuwenden.

1. Gebet und innerer Friede

«An den Früchten ... erkennt man den Baum», sagt der Herr im Evangelium (Mt 12,33). Wenn unser Gebet echt ist, wird es Früchte bringen. Es wird uns demütiger, sanfter, geduldiger, vertrauensvoller usw. machen. Es wird nach und nach in unserem Leben alle *«Früchte des Geistes»* hervorbringen, die Paulus im Brief an die Galater aufzählt: *«Liebe, Freude, Friede, Langmut, Freundlichkeit, Güte, Treue ...»* (Gal 5,22).

Vor allem bewirkt es, dass wir Gott und unseren Nächsten noch mehr lieben. Die Liebe ist die Frucht und das höchste Kriterium jedes Gebetslebens. *«Hätte ich aber die Liebe nicht, wäre ich nichts»*, versichert der heilige Paulus nachdrücklich (vgl. 1 Kor 13,1-3).

Ohne diesem Kriterium seinen absoluten Vorrang nehmen zu wollen (doch frage ich mich, ob man das Maß seiner Liebe richtig zu beurteilen vermag), halte ich es für zweckmäßig, als Kriterium den Frieden zu nehmen.

Man darf versichern, dass ein echtes Gebetsleben im Großen und Ganzen bei einem Menschen vorhanden ist, wenn er dadurch einen inneren Frieden erfährt. Er kann sagen: Mein Gebet ist nicht außerordentlich, ich bin alles andere als ein großer Mystiker, oft bin ich zerstreut und habe Zeiten der Trockenheit, meistens merke ich nicht viel davon und ich kann nicht behaupten, am Gipfel des geistlichen Lebens angekommen zu sein. Trotzdem erkenne ich, dass jene regelmäßigen Begegnungen mit dem Herrn mich mit innerem Frieden erfüllen. Diesen Frieden empfinde ich nicht immer mit der gleichen Intensität, doch ist er ein häufiges Ergebnis meiner Gebetszeiten. Durch diese werde ich ruhiger und vertrauensvoller, gewinne ich eine gewisse Distanz zu den Problemen und Sorgen und dramatisiere ich die auf meinem Leben lastenden Schwierigkeiten weniger. Ich merke, dass dieser Friede, dieses Distanzieren von den Sorgen, nicht die Frucht meiner Überlegungen oder meiner psychologischen Anstrengungen ist, sondern dass ich ihn wie ein Geschenk, eine Gnade empfange. Manchmal unerwartet: Ich hätte allen Grund, unruhig zu sein, und plötzlich wird mein Herz ruhig. Ich stelle fest, dass das nicht von mir kommt. Ein anderer hat dies bewirkt.

Wenn man recht überlegt, kann es nicht anders sein: Gott ist ein Ozean, ein Abgrund des Friedens. Wenn mein Gebet aufrichtig ist und mich wirklich mit ihm vereinigt, darf ich teilhaben am göttlichen Frieden. «Das Gebet schenkt uns täglich einen ganz neuen Frieden»[14], sagt Pater Matta El Maskîne, der große Erneuerer des koptischen Mönchtums in Ägypten.

Es gibt in Gott eine Lebensintensität, deren Kraft wir nicht ermessen können: *«der Herr, dein Gott, ist verzehrendes Feuer»* (Dtn 4,24), und zugleich eine Sanftheit, einen unendlich tiefen Frieden, der sich zumindest teilweise unserem Herzen mitteilt, wenn wir uns seiner Gegenwart demütig öffnen: *«Kommt alle zu mir, die ihr euch plagt und schwere Lasten zu tragen habt. Ich werde euch Ruhe verschaffen»*

---

14. Matta El Maskîne, *L'expérience de Dieu dans la prière*, Abbaye de Bellefontaine, S. 30.

(Mt 11,28). «*Und der Friede Gottes, der alles Verstehen übersteigt, wird eure Herzen und eure Gedanken in der Gemeinschaft mit Christus Jesus bewahren*» (Phil 4,7).

Dieses Geschenk des inneren Friedens ist kostbar, denn in diesem Klima des Friedens kann die Liebe wachsen. Dieser Friede macht uns bereit für die Umgestaltung durch die Gnade und fördert unsere Unterscheidungsfähigkeit bei der Wahrnehmung der Situationen und den zu treffenden Entscheidungen. Natürlich wird er nicht immer in derselben Weise empfunden; Höhen und Tiefen sind hier normal, auch werden wir Zeiten der Prüfung durchmachen, in denen uns die Unruhe erfasst, von der wir uns nicht leicht befreien können.

Aber meine Behauptung bleibt wahr: Wenn wir auf lange Sicht unser Gebetsleben im großen Ganzen als übliche Quelle des inneren Friedens erfahren, ist das ein sehr gutes Zeichen.

Machen wir dagegen diese Erfahrung nicht, sollten wir uns Fragen stellen. Wahrscheinlich beten wir nicht genug, oder mit inneren Dispositionen, die nicht ganz richtig sind. Dann scheint es mir notwendig, dass wir uns einem geistlichen Begleiter öffnen.

Abschließend möchte ich noch hinzufügen, dass die Reinheit des Herzens eine der kostbaren Früchte des Gebetes ist. Das Gebet birgt eine große innere Reinigungskraft. Beim Beten kommt das Herz zur Ruhe, wird einfacher, wendet sich wieder Gott zu. Was ist ein reines Herz? Ein vertrauensvoll ganz auf Gott gerichtetes Herz, das ihn wirklich lieben und seinen Willen tun möchte.

2. Die Dispositionen, die das Gebetsleben fruchtbar machen

Wir wollen nun auf die Frage eingehen, wie wir unter einem anderen Gesichtspunkt die Echtheit unseres Gebetslebens erkennen können, also nicht unter dem Gesichtspunkt der Früchte, sondern unter dem der Vorgehensweise beim Beten.

Als Erstes möchte ich zeigen, dass die wichtigste Eigenschaft des Gebetes die Treue sein muss (woher das kommt, werde ich später sagen; aber es ist gut, dies als Motto voranzustellen). Jesus bittet uns nicht, gut zu beten, er bittet uns, unaufhörlich zu beten!

Die Treue (wohlgemerkt wenn sie nicht einfach Routine ist, sondern von einem aufrichtigen Wunsch beseelt ist, Gott zu begegnen, ihm zu gefallen und ihn zu lieben) wird alles Übrige hervorbringen. Der wichtigste Kampf im Gebetsleben ist der Kampf um die Beharrlichkeit.

Theresia von Avila schreibt, dass der Teufel alle Hebel in Bewegung setzt, um die Seelen von dieser Treue abzubringen, indem er alle nur denkbaren Vorwände benützt: das nützt nichts, du bist nicht würdig zu beten, das ist Zeitverschwendung, anstatt heute wirst du das morgen machen, es gibt jene dringende Sache, der du dich nicht entziehen kannst, es wäre zu schade, jene schöne Sendung im Fernsehen zu versäumen, was wird man von dir denken usw. Für die Heilige ist es logisch, dass der Teufel uns in diesem Bereich stark bekämpft; denn eine dem Gebet treue Seele ist für ihn sicher verloren. Sie wird gewiss noch viele Male zu Fall kommen, aber nach jedem Fall wird sie die Gnade haben, sich höher zu erheben.

«Wie gut trifft es der Teufel, wenn er zur Erreichung seines Zweckes hier seine Kraft einsetzt! Der Verräter weiß es, daß eine Seele für ihn verloren ist, wenn sie in der Übung des innerlichen Gebetes ausharrt; denn alle Fehler, wozu er sie verleitet, dienen ihr dann durch Gottes Güte nur dazu, sich seinem Dienste wieder mit um so größerem Eifer zu weihen; darum ist ihm daran gelegen, ...»[15]

Sie fordert uns also dazu auf, nicht aufzugeben, koste es, was es wolle:

«Mag kommen und geschehen, was da wolle; mag die Mühe noch so groß sein; mag murren, wer da will; mögen sie das Ziel erreichen oder unterwegs sterben oder den Mut zur Ertragung der entgegentretenden Schwierigkeiten verlieren; ja, mag die ganze Welt darüber zugrunde gehen»[16]

3. Ein von Glauben, Hoffnung und Liebe beseeltes Gebet

Der Gedanke, den wir nun ausführen werden, ist einfach, aber sehr wichtig, und kann uns kostbare Orientierungspunkte auf unserem persönlichen Weg geben, insbesondere um den Schwierigkeiten zu trotzen, auf die man im Gebetsleben stößt. Unser Gebet wird gut und fruchtbar sein, wenn es auf den Glauben, die Hoffnung und die Liebe gegründet ist. Es muss sich auf die drei «theo-

---

15. Sämtliche Schriften der hl. Theresia von Jesu, Erster Band, *Das Leben der heiligen Theresia von Jesu*, Kösel-Verlag München, 8. unveränderte Auflage 1994, Neunzehntes Hauptstück, S. 172.
16. Sämtliche Schriften der hl. Theresia von Jesu, Sechster Band, *Weg der Vollkommenheit*, Kösel-Verlag München, 5. unveränderte Auflage 1990, Einundzwanzigstes Hauptstück, S. 115.

logischen Tugenden» stützen, wie sie klassisch[17] genannt werden. Sie werden in der Schrift (besonders beim heiligen Paulus) so sehr herausgestellt, weil in ihnen die grundlegende Dynamik des christlichen Lebens liegt.[18]

Wenn wir beschließen, einen Augenblick dem persönlichen Gebet zu widmen, können wir in vielerlei Weisen vorgehen: über einen Text aus der Schrift nachsinnen, langsam einen Psalm beten, frei mit Gott sprechen, unser Herz singen lassen, einen Rosenkranz beten oder eine andere Form des sich wiederholenden Gebetes verwenden, schweigend vor dem Herrn sein in einer Haltung innerer Bereitschaft oder der Anbetung usw. Wir werden später auf diese verschiedenen Möglichkeiten zurückkommen, die wir nach Belieben nutzen können.

Wesentlich ist jedoch nicht, diese oder jene Methode anzuwenden, sondern zu prüfen, welches die tiefen Dispositionen unseres Herzens beim Beten sind. Nicht eine Technik oder eine besondere Formel, sondern die inneren Dispositionen sind es, die die Fruchtbarkeit des Gebetslebens garantieren.

Letztlich ist beim Beten nicht diese oder jene Methode von Bedeutung, sondern dass alles auf den inneren Dispositionen zu Glaube, Hoffnung und Liebe basiert.

Jede dieser drei «theologischen Tugenden», ihre Bedeutung und ihre Rolle im Gebet werden wir nun vor Augen führen.

---

17. Theologisch bedeutet: was Gott zum obersten Ziel hat oder uns mit Gott vereinigt.
18. Siehe beispielsweise 1 Thess 1,3; 1 Thess 5,8; 1 Kor 13,13.

4. Die Tür des Glaubens

Beten ist im Wesentlichen ein Akt des Glaubens. Es ist sogar die erste und natürlichste Weise, unseren Glauben auszudrücken. Einem Menschen, der sagte: «Ich glaube, aber ich bete nicht», könnte man mit Recht die Frage stellen: «An welchen Gott glaubst du? Wenn der Gott, an den du glaubst, der Gott der Bibel ist, der lebendige Gott, der Gott Abrahams, Isaaks und Jakobs, der Gott, mit dem Jesus betend seine Nächte verbrachte und den er "Abba!" nannte, wie ist es dann möglich, dass du nicht das geringste Verlangen danach hast, dich an ihn zu wenden?»

Beim Beten wird der Glaube ausgedrückt, erneuert, gereinigt und gefestigt. Auch wenn wir uns dessen nicht bewusst sind (wie Herr Jourdain in Molières Stück, der, ohne es zu wissen, Prosa schrieb), setzen wir einen Akt des Glaubens, sobald wir zu beten beginnen: Wir glauben, dass Gott existiert, dass es sich lohnt, das Wort an ihn zu richten und auf ihn zu hören, dass er uns liebt, dass es gut ist, ihm einen Teil unserer Zeit zu widmen, usw. Bei jedem Gebet gibt es einen impliziten, aber grundlegenden Akt des Glaubens.

Sehr ermutigend ist es, zu verstehen, dass uns dieser Akt des Glaubens mit Gott vereinigt. «Darum ist auch die Seele um so inniger mit Gott vereint, je mehr sie vom Glauben erfüllt ist»[19], sagt der heilige Johannes vom Kreuz. Weder die Sinnlichkeit noch die Vernunft, sondern der Glaube realisiert die Vereinigung mit Gott. Wir wollen das erläutern.

---

19. Johannes vom Kreuz, Sämtliche Werke, Erster Band, *Aufstieg zum Berge Karmel*, Kösel-Verlag München 1957, 2. Buch, 8. Kapitel, S. 111.

5. Welche Rolle spielt die Sinnlichkeit im Gebetsleben?

Die menschliche Sinnlichkeit ist ein sehr wertvolles Vermögen, das nicht herabgesetzt werden darf. Die Fähigkeit zu fühlen, gerührt und innerlich ergriffen zu sein ist für das menschliche Leben wesentlich. Ich möchte sogar sagen, dass Sinnlichkeit und Affektivität im geistlichen Leben unabdingbar sind. Wenn ich Gottes Gegenwart und Zärtlichkeit nie spürbar gekostet habe, wird Gott für mich ein Fremder bleiben, fern und abstrakt, eine reine Idee. Zu oft litten unlängst die Gläubigen darunter, dass im Leben der Kirche die Sinnlichkeit nicht auf ihre Kosten kam. Der Psalm richtet jene Einladung an uns: *«Kostet und seht, wie gütig der Herr ist»* (Ps 34,9). Wir dürfen um spürbare Gnaden bitten, bei denen wir mit unserem Körper, unseren Sinnen, unseren Gefühlen etwas vom Geheimnis Gottes und den Wahrheiten des Glaubens kosten können. Sonst können wir sie nicht verstehen und in dynamischer Weise wirklich in unser Leben hineinlassen. Alle Methoden des Betens und Betrachtens, die die Sinne mit ins Spiel bringen und die Gefühle ansprechen, sind völlig legitim. Meines Erachtens wurden die Kirchen im Abendland zum Teil deswegen leer, weil die vielen kalten und wortreichen Zelebrationen nicht das geringste Gefühl außer Langeweile wecken können. Es muss alles getan werden, damit im Leben der Kirche, besonders in der Liturgie, eine Schönheit und eine Inbrunst zum Ausdruck kommen, die die Herzen berühren.

Wir müssen aber auch die Grenzen der Sinnlichkeit erkennen. Unerlässlich ist es, «Gott zu kosten», aber *was wir von Gott kosten, ist noch nicht Gott*. Gott ist unendlich größer, er übersteigt unendlich alles, was wir durch die Sinnlichkeit erfassen können. Das Trachten nach dem Sinnlichen kann auch zum Selbstzweck werden. Es kann Schlemmerei, Anhänglichkeit und Unfreiheit nach sich ziehen. Die Sinnlichkeit bedarf der Reinigung. Beim Beten geht es um die Begegnung mit Gott und nicht bloß um unsere Gefühle in der Gegenwart Gottes. Wir müssen also hinnehmen, dass wir uns manchmal leer, trocken und kalt vorkommen, und uns in jenen Momenten daran erinnern, dass das, was zählt, nicht das ist, was wir empfinden, sondern das, woran wir glauben. Der Akt des Glaubens geht weit über das Gefühlte hinaus und lässt uns wirklich Gott begegnen, auch wenn wir uns völlig leer vorkommen und unser Herz uns so trocken scheint wie die Dünen der Sahara, ohne ein Fünkchen Inbrunst.

Ich möchte noch eine Beobachtung erwähnen, die in Zusammenhang mit dem steht, was ich weiter oben über das innere Gebet als ein Weg zur Freiheit gesagt habe. Wenn wir dem Gebet trotz der Trockenheiten treu bleiben und den Glauben im inneren Gebet üben, werden wir allmählich frei von der Sinnlichkeit. Wir können unsere Sinnlichkeit und unsere Affektivität völlig ins Spiel bringen, ja selbst ganz neue Fähigkeiten in diesem Bereich wecken lassen und in unserem Herzen neue Gefühle zum Vibrieren bringen («bisher vergessene Saiten»[20], wie Therese vom Kinde Jesus sich ausdrückt), ohne jedoch deren Gefangene zu sein. Unsere moderne Kultur drängt die Menschen stark dazu, sich einzig und allein von der Sinnlichkeit beherrschen zu lassen, und das führt zu

---

20. Sie verwendet diesen Ausdruck an einer schönen Stelle der Handschrift C, wo sie die lebhafte Freude darüber schildert, dass sie (die nur Schwestern hatte) einen Missionar als «kleinen Bruder» bekommen hat, der sich ihrem Gebet anvertraut. Vgl. Therese vom Kinde Jesus, *Selbstbiographische Schriften*, Johannes Verlag Einsiedeln, Zwölfte Auflage 1991, S. 266.

vielen Formen der Unreife, ja sogar der Sklaverei. Wenn zum Beispiel die Beziehung zu einem anderen nur auf sinnliches Vergnügen gegründet ist, ist man im reinen Infantilismus. Die echte Freiheit besteht darin, den anderen zu lieben, ob er mir gefällt oder nicht. Die unbedingte Treue zum Gebet ist eine wertvolle Erziehung in diesem Sinn.

6. Rolle und Grenzen des Verstandes

Analoge Überlegungen können hinsichtlich des Verstandes angestellt werden. Er spielt im geistlichen und menschlichen Leben eine grundlegende Rolle. Der Glaube kann nicht auf die Vernunft verzichten. Was wir glauben, sollen wir möglichst mit dem Verstand verstehen, denn der Verstand muss sich den Glaubensinhalt aneignen können. Das ist die Aufgabe der Theologie. Je mehr wir verstehen, was wir glauben, umso mehr wird uns der Glaube Licht und Kraft sein. Dazu kommt auch noch, dass wir in unserem Gebetsleben oft Eingebungen bekommen, die unseren Verstand in vielen Bereichen erleuchten: Einsicht in gewisse Aspekte des Geheimnisses Gottes, lebendigere Wahrnehmung der Person Christi und der Bedeutung des menschlichen Schicksals usw. Manchmal haben wir sehr schöne und sehr wertvolle Eingebungen, um den tiefen Sinn eines Schrifttextes zu verstehen. Außer diesen allgemeinen Eingebungen hinsichtlich des Glaubensinhalts erhält der Verstand auch speziellere Erleuchtungen, die unser konkretes Leben betreffen: welche Wahl wir treffen sollen, wie wir unser Leben in dieser oder jener Situation leben sollen, welchen Rat wir dieser oder jener Person geben sollen, die uns darum bittet, usw.

Die Erleuchtung unseres Verstands ist ein kostbares Geschenk und wir müssen alles tun, um unseren Glauben intelligent zu leben. Wir müssen unser Denkvermögen, unsere Auffassungsgabe, unsere analytischen Fähigkeiten ... gebrauchen. Um die Eingebungen, die den Verstand erleuchten, müssen wir bitten und uns bemühen. Darauf können wir nicht verzichten. Die geistige Trägheit verträgt sich nicht mit der geistlichen Vitalität.

Wir müssen also erkennen, dass auch der Verstand seine Grenzen hat. Es ist gut, Wahrheiten über Gott zu verstehen, aber wir müssen auch bedenken, dass *alles, was wir von Gott verstehen, noch nicht Gott ist*. Gott ist unendlich größer als alles, was unser Verstand von ihm erfassen oder sich vorstellen kann. Kein Begriff von Gott entspricht wirklich dem, was Gott ist.

> *«O Tiefe des Reichtums, der Weisheit und der Erkenntnis Gottes! Wie unergründlich sind seine Entscheidungen, wie unerforschlich seine Wege!»*[21]

Zwar kann uns der Verstand Gott näher bringen, aber er lässt uns nicht zu dem gelangen, was Gott an sich wirklich ist. Das vermag allein der Glaube. Mitunter kann der Verstand im christlichen Leben nur schweigen und sein Unvermögen eingestehen. Der größte Theologe der Kirchengeschichte, der heilige Thomas von Aquin, erkannte am Ende seines Lebens, dass alles, was er geschrieben hatte, nur Stroh war.

Es ist also normal, ja sogar notwendig, dass sich auf unserem christlichen Weg, besonders im Gebetsleben, der Verstand manchmal in einer gewissen Dunkelheit befindet.

---

21. Röm 11,33.

Bei Fragen zum Glauben, zum Geheimnis Gottes oder nach dem Sinn dieses oder jenes Ereignisses in der Welt oder in unserem persönlichen Leben kommt es manchmal vor, dass unser Verstand völlig überfordert ist. Das sind schwierige Zeiten, denn das Nicht-Verstehen löst immer eine schmerzliche Frustration aus, die sich aber nicht vermeiden lässt. Dann sollten wir uns daran erinnern, dass nicht der Verstand, sondern der Glaube uns zu Gott und zur tiefen Wahrheit unseres Lebens führt. Der Glaube muss uns genügen, auch wenn der Verstand in der Agonie liegt. Diese Phasen der Finsternis sind notwendig, um den Verstand zu reinigen und zu läutern. Denn beim Gebrauch des Verstandes, beim Verstehenwollen, ist oft vieles mit im Spiel, wovon wir befreit werden müssen: Neugier, viel Stolz, Eitelkeit, Machtstreben (verstehen bedeutet dominieren) sowie ein menschliches Sicherheitsdenken (verstehen bedeutet beherrschen, kontrollieren ...).

Um alles zu wissen, müssen wir in nichts etwas wissen. Nur die Augenblicke, in denen der Verstand schmerzlich gedemütigt wird, ermöglichen ein echtes geistliches und menschliches Wachsen.

Wir müssen auch erkennen, dass zwar das Denken und das Nachdenken uns Gott näher bringen, ein Weg zu ihm sein können, aber Gott selbst können sie uns nicht geben. Einen Gegenstand begreifen bedeutet, einen gewissen Abstand zu ihm wahren, um ihn zu beherrschen. Das ist mit Gott nicht möglich, man kann Gott nicht «begreifen», ihn zu einem Gegenstand machen. Glaube, Liebe und Anbetung sind es, die uns mit Gott in Kontakt bringen. In der westlichen Welt wurde das geistliche Leben manchmal zu sehr intellektualisiert.

Aus dem soeben Gesagten ergibt sich Folgendes: Die Sinnlichkeit und der Verstand sind zwar wertvoll und nützlich, können aber nicht die Grundlage unserer Beziehung zu Gott und unseres Gebetslebens sein. Die einzige Grundlage muss der Glaube sein. Wenn die Sinnlichkeit ausgedörrt und der Verstand blind ist, muss uns der Glaube genügen, um nach vorne zu schauen. Der Glaube ist frei. Er kann sich nähren von dem, was die Sinnlichkeit ergreift und den Verstand erleuchtet, aber er kann auch ohne das auskommen.

***

Diese Betrachtungen haben letztlich eine äußerst tröstliche praktische Auswirkung. Es gibt Momente in unserem Gebetsleben, in denen wir recht arm sind. Trotz unseres guten Willens und unseren Bemühungen bleiben wir trocken und kalt, spüren nichts, verstehen nichts und haben keine Eingebung ... Dann verlieren wir leicht den Mut und glauben uns von Gott recht weit weg. Wir beneiden jene, die zarte Gefühlsregungen und tiefe Gedanken äußern, und fühlen uns total schlecht im Vergleich zu den Heiligen, deren Leben uns von ihrer Inbrunst und ihren mystischen Gnaden erzählt. Wir glauben uns von Gott weit entfernt, da wir keine Inbrunst haben, kein Licht über ihn.

Wenn dir das passiert, lieber Leser, dann musst du dich daran erinnern, was ich gesagt habe: Es ist nicht so wichtig, ob du etwas fühlst oder nicht, ob du es verstehst oder nicht. Wenn dir die Sinnlichkeit oder der Verstand Gott nicht geben, wird ihn dir der Glaube geben. Es genügt ein aufrichtiger und demütiger Akt des Glaubens, um ganz sicher mit Gott in Kontakt zu sein. Nur der Glaube stellt den realen Kontakt mit dem lebendigen, gegenwärtigen Gott her. Sollte alles Übrige fehlen, der Glaube genügt. Wenn wir mutig in diese Richtung gehen, werden wir schließlich erfahren, wie sehr das wahr ist und wie sehr uns wirklich das gegeben wird, was wir durch den Akt des Glaubens erfassen. *«Es soll geschehen, wie du geglaubt hast»*, sagt Jesus unaufhörlich im Evangelium.

Eine wichtige Bemerkung: Bei diesen notwendigen Prüfungen geht es nicht darum, die Rolle der Sinnlichkeit und des Verstandes im Glaubensleben zunichte zu machen oder zu beseitigen, sondern ihnen den Platz zu geben, der ihnen zukommt. Die menschlichen Vermögen erfahren auf dem geistlichen Weg Augenblicke schmerzlicher «Krise», nicht um zerstört, sondern um gereinigt und geläutert zu werden, damit ihr Gebrauch nicht mehr zu einem Hindernis für die Vereinigung mit Gott wird. Sie müssen durch die Finsternis gehen, um sich an eine neue und tiefere Schau Gottes und seiner Weisheit zu gewöhnen. Wir müssen arm werden, um reich zu werden.

7. Gott berühren

Man könnte eine interessante Analogie zwischen der Rolle des Glaubens im geistlichen Leben und der Rolle des Tastsinns im sinnlichen Leben aufstellen. Von unseren fünf Sinnen entwickelt sich schon im Mutterschoß zuerst der Tastsinn und er ist die Ursache aller anderen. Er hat nicht den Reichtum einiger anderer Sinne, wie das Sehen (die ganze Vielfalt der Bilder und Farben, die man betrachten kann) oder das Hören (die Mannigfaltigkeit der Töne, Klangfarben und Melodien). Er ist der Sinn aller

Sinne und der wesentlichste Sinn für das Leben und die Kommunikation. Vor allem aber hat er einen Vorteil, den die anderen Sinne nicht haben: die Gegenseitigkeit. Denn man kann nicht einen Gegenstand berühren, ohne zugleich von diesem berührt zu werden. Hingegen kann man sehen, ohne gesehen zu werden, oder hören, ohne gehört zu werden. Der Kontakt, den der Tastsinn herstellt, ist enger und unmittelbarer als der, den die anderen Sinne verwirklichen. Er ist der Sinn der Kommunikation schlechthin.

In analoger Weise ist der Glaube gekennzeichnet durch eine gewisse Armut (glauben ist nicht zwangsläufig sehen oder verstehen oder empfinden), doch er ist das Vitalste im geistlichen Leben. Durch den Glauben können wir in geheimnisvoller, aber realer Weise «Gott berühren» und uns von ihm berühren lassen, eine enge Gemeinschaft mit ihm eingehen und uns von seiner Gnade allmählich verwandeln lassen.

Der im inneren Gebet praktizierte Glaube gibt uns von Gott eine Erkenntnis, die dunkel und geheimnisvoll bleibt und über das Verstehen hinausgeht. Der Glaube befriedigt nicht unsere menschliche Wissbegier. Er gibt zwar unserem Leben einen Sinn, doch antwortet er nicht zwangsläufig auf alle unsere Fragen. Paradoxerweise kann uns jedoch die Erkenntnis, die er uns von Gott verschafft, viel mehr mit Liebe erfüllen als eine klare und deutliche Erkenntnis des Verstandes. Johannes vom Kreuz verwendet diesen schönen Ausdruck: der Glaube, «durch den wir auch Gott lieben, ohne ihn genau zu erfassen»[22].

---

22. Johannes vom Kreuz, Sämtliche Werke, Vierter Band, *Geistlicher Gesang*, Kösel-Verlag München 1957, Vorwort, S. 4.

8. Der Glaube öffnet alle Türen

Der Glaube hat etwas Wunderbares und wir ermessen seine Bedeutung und Kraft nicht hinlänglich. Er ist eine einfache, oft verborgene Wirklichkeit, eine geheime Disposition des Herzens und des Willens, ein einfaches Festhalten am Wort und an den Verheißungen Gottes in einer gehorsamen und vertrauensvollen Haltung. Dennoch vermag nur dieser demütige Akt, uns nach und nach den Zugang zum ganzen Reichtum des Geheimnisses Gottes zu eröffnen. So ist es verständlich, dass im Evangelium Jesus auf die Bedeutung und die Kraft des Glaubens so viel Nachdruck legt. Alle unsere Verstöße kommen irgendwie aus einem Mangel an Glauben und nichts ist dringender und fruchtbarer als im Glauben zu wachsen.

Dieses Thema möchte ich mit einem schönen Text von Ludwig Maria Grignion von Montfort abschließen. In der *Abhandlung von der Wahren Andacht zur allerseligsten Jungfrau Maria* schlägt er die Weihe an Maria als wirksamen Weg zur Heiligkeit vor und stützt sich dabei auf folgende Intuition: Wenn wir uns Maria ganz schenken, schenkt auch sie sich uns ganz[23] und lässt uns an den Gnaden teilhaben, die sie vom Allmächtigen empfangen hat, insbesondere an ihrem Glauben. Es ist bekannt, wie sehr das Zweite Vatikanische Konzil den Glauben Mariens hervorgehoben hat. Hier beschreibt unser Heiliger diesen Glauben, den wir von der Jungfrau Maria als Erbteil bekommen, weil sie unsere Mutter ist, und vergleicht ihn mit einem geheimnisvollen Hauptschlüssel, der alle Türen öffnet:

---

23. «... so schenkt sie [Maria] sich auch ganz und gar demjenigen, der ihr alles schenkt», *Das Goldene Buch*, Lins-Verlag Feldkirch 1987, S. 102.

«Die allerseligste Jungfrau wird dich an ihrem Glauben teilnehmen lassen, der auf Erden größer war, als der Glaube der Patriarchen, Propheten, Apostel und aller Heiligen. ... einen reinen Glauben, sodaß du dich um das Sichtbare und Natürliche nicht mehr kümmerst; einen lebendigen und durch die Liebe beseelten Glauben, sodaß du alle deine Handlungen aus reiner Liebe vollbringen wirst; einen Glauben, stark und unerschütterlich wie ein Felsen, sodaß du fest und standhaft bleibst inmitten der Wirren und Stürme des Lebens; einen wirksamen und alles durchdringenden Glauben, mit dem du dir, wie mit einem geheimnisvollen Schlüssel, den Eingang in die Geheimnisse Jesu Christi, in die letzten Dinge des Menschen und in das Herz Gottes eröffnen kannst; einen mutigen Glauben, mit dem du ohne Zagen große Dinge für Gott und das Heil der Menschen unternehmen und vollenden wirst; einen Glauben, der dir eine leuchtende Fackel sein wird, um jene zu erleuchten, die in der Finsternis, im Schatten des Todes wandeln, und um jene zu entzünden, die kalt sind und des glühenden Feuers der Liebe bedürfen; einen Glauben, der dir göttliches Leben verleiht, um denen, die durch die Sünde tot sind, das Leben zu geben; einen Glauben als verborgenen Schatz der göttlichen Weisheit, um durch deine milden und mächtigen Worte die steinernen Herzen zu rühren und die Zedern des Libanon zu Boden zu stürzen; und endlich einen Glauben als mächtige Waffe, um dem Satan und allen Feinden des Heils widerstehen zu können.»[24]

---

24. *Ibd.* S. 157f.

9. Gebet und Hoffnung

Nachdem wir vom Glauben als Grundlage des Gebetes gesprochen haben, kommen wir nun zur Rolle der Hoffnung, die ebenso wesentlich ist.

Beten ist ein Akt der Hoffnung: das heißt, wir erkennen, dass wir Gott brauchen, dass wir es angesichts der Herausforderungen des Lebens allein nicht schaffen können, dass wir uns mehr auf Gott verlassen als auf unsere eigenen Mittel und Talente und dass wir vertrauensvoll von ihm das uns Notwendige erwarten. Im Gebet kommt die Hoffnung zum Ausdruck und wird größer und stärker. Unsere Darlegungen führen uns zur Demut und geistlicher Armut, die von der Tugend der Hoffnung nicht zu trennen sind.

Der Akt der Hoffnung besteht in folgender Grundhaltung: Ich erkenne mich vor Gott klein und arm, erwarte jedoch vertrauensvoll alles von ihm. Meine Armut ist dann kein Problem mehr, sondern eine Chance.

Das Gebetsleben führt uns notwendigerweise zu einer manchmal sehr schmerzlichen Erfahrung der Armut. Wir brauchen aber vor ihr keine Angst zu haben, weil sie sich schließlich als äußerst segensreich erweist.

Gehen wir von unserem konkreten Erleben aus. Wenn ich eine halbe Stunde oder eine Stunde im stillen, persönlichen Gebet in der Gebetsecke meines Zimmers oder in einer Kirche verbringe, ist das manchmal eine sehr schöne, sehr angenehme Zeit, in der ich ein Glück, eine Freude und einen Frieden koste, die kostbarer sind als alles, was die Welt bieten kann. Aber das ist nicht immer so. Diese Gebetszeit kann auch eine schwierige Zeit sein. Gerade weil ich allein bin, in der Stille, ohne meine gewöhnlichen Beschäftigungen, sehe ich mich manchmal mit all dem konfrontiert, was in meinem Leben nicht in Ordnung ist. Mein Elend, meine Sünden und Fehler, meine Schwierigkeiten, mich innerlich zu sammeln, meine Schuldgefühle über die Vergangenheit, meine Sorgen um die Zukunft usw., all das kommt wieder hoch. Die Liste könnte lang sein! Anstatt die Gebetszeit als einen positiven Augenblick zu erfahren, erlebe ich ihn vielmehr als eine schmerzliche Konfrontation mit all dem, was mir in meinem Leben negativ erscheint. Das könnte mich entmutigen und dazu verleiten, das Beten aufzugeben und mich befriedigenderen Tätigkeiten oder angenehmeren Zerstreuungen zuzuwenden. Tatsächlich verzichten viele Menschen auf das Gebet, fliehen jede Einsamkeit und Stille, weil sie jene unvermeidliche Konfrontation mit sich selbst fürchten, zu der sie das Gebet zwingt.

Diese Erfahrung soll uns keine Angst machen, sie ist normal, ja sogar unbedingt notwendig. Jesus sagte eines Tages zum heiligen Ludwig, dem König von Frankreich: «Du möchtest wie ein Heiliger beten. Ich lade dich ein, wie ein Armer zu beten!»

Das Gebet konfrontiert uns unerbittlich mit dem, was wir tatsächlich sind. Jeder Mensch hat seine Schattenseiten, etwas an sich, was er manchmal nur schwer annehmen kann, was Quelle der Scham, der Schuld, der Unruhe ist: menschliche Grenzen, schwache Psyche, seelische Verletzungen, Mitschuld am Bösen, Unvermögen, verschiedenartige sündige Vergehen usw. Das Gebet lässt uns immer tiefer in das Licht Gottes eintreten und wie der Sonnenstrahl in einem dunklen Zimmer das kleinste, in der Luft schwebende Staubkorn erkennen lässt, so offenbart dieses unsere Schwächen und Sünden.

Natürlich erfahren wir unsere Armut nicht nur durch das Gebet, sondern das ganze Leben und seine schwierigen Situationen lassen uns unsere Grenzen, unsere Schwächen, unsere Wunden und unsere Sünden spüren. Aber das Gebet macht uns das alles stärker bewusst und zwingt uns dazu, uns ohne Ausflüchte damit auseinander zu setzen.

Was nun? Nur nicht in Panik geraten. *«Nicht die Gesunden brauchen den Arzt, sondern die Kranken. Ich bin gekommen, um die Sünder zu rufen, nicht die Gerechten»*, sagte Jesus (Mk 2,17). Unser Seelenheil liegt in einer zweifachen Haltung: der Demut und der Hoffnung. Wir sollen unser Sosein, das grausame Offenbarwerden unserer Grenzen und unserer Fehler annehmen und davon profitieren, indem wir lernen, unser ganzes Vertrauen und unsere Hoffnung allein auf Gott zu setzen und nicht mehr auf unsere Fähigkeiten und unsere guten Taten.

«Denn wer sich selbst erhöht, wird erniedrigt, wer sich aber selbst erniedrigt, wird erhöht werden» (Lk 18,14). Mit diesen Worten lädt uns das Evangelium ein, unser Elend zu erkennen, ganz anzunehmen, wie tief und beunruhigend es auch sein mag, und uns in blindem Vertrauen auf Gottes Barmherzigkeit und Macht in seine Arme zu werfen. Wir müssen unsere Armut radikal annehmen und diese Armut in einen Schrei, in eine Erwartung, in eine unerschütterliche Hoffnung verwandeln. Gott wird uns dann zu Hilfe kommen. *«Da ist ein Armer; er rief und der Herr erhörte ihn. Er half ihm aus all seinen Nöten»* (Ps 34,7). *«Denn er hat nicht verachtet, nicht verabscheut das Elend des Armen. Er verbirgt*

sein Gesicht nicht vor ihm; er hat auf sein Schreien gehört» (Ps 22,25).

Das einzige Gebet, das Gott erhört, ist das Gebet des Armen – nicht das Gebet des Pharisäers, der mit sich und seinen guten Taten zufrieden ist und Gott dafür dankt, dass er besser ist als die anderen, sondern das Gebet des Zöllners, der sich auf Distanz hält, sich an die Brust schlägt und spricht: *«Gott, sei mir Sünder gnädig!»* (Lk 18,13). Das Gebet, das den Himmel durchdringt, Gottes Herz erreicht und seine Gnade herabzieht, ist jenes Gebet, das aus der Tiefe unseres Elends und unserer Sünde hervorbricht. *«Aus der Tiefe rufe ich, Herr, zu dir: Herr, höre meine Stimme!»* (Ps 130,1).

10. Die Macht der Demut

Die schmerzliche Erfahrung unserer radikalen Armut soll uns zur Demut und Hoffnung führen, die im Grunde genommen untrennbar sind. Demut bedeutet erkennen, dass alles, was wir sind und haben, ein völlig freies Geschenk der Liebe Gottes ist und wir uns überhaupt nichts zuschreiben können: *«Und was hast du, das du nicht empfangen hättest?»*, sagt der heilige Paulus (1 Kor 4,7); aber auch das Hinnehmen unserer Grenzen und Schwächen, «daß ich meine Kleinheit und meine Armut liebe»[25], wie Therese von Lisieux sich ausdrückt.

Für uns ist es lebenswichtig, die unglaubliche Kraft der Demut und der Hoffnung zu verstehen. Der heilige Paulus sagt: *«Die Hoffnung aber lässt nicht zugrunde gehen»*

---

25. Therese Martin, *Briefe*, Johannes-Verlag Leutesdorf am Rhein, Zweite Auflage 1977, Brief 197, S. 303.

(Röm 5,5). Der heilige Johannes vom Kreuz versichert: «sie erlange von ihm so viel, als sie hofft.»[26] Dieses Wort ist das tröstlichste: Aufgrund der Hoffnung können wir gewiss alles von Gott erhalten. Sie besteht darin, in radikaler Armut vertrauensvoll alles von Gott zu erwarten. Gott gibt uns nicht nach unseren Tugenden, unseren Fähigkeiten, unseren Verdiensten, unseren guten Werken, sondern nach unserer Hoffnung. Dasselbe gilt von der Demut: *«Denn Gott tritt den Stolzen entgegen, den Demütigen aber schenkt er seine Gnade»* (1 Petr 5,5), *«die Gebeugten krönt er mit Sieg»* (Ps 149,4). Sie hat eine absolute Macht über Gottes Herz, sie zieht die ganze Fülle seiner Gnade herab. Mit der Hoffnung vereint «zwingt» sie sozusagen Gott, herabzukommen und sich um uns zu kümmern. Würden wir die Macht der Demut wirklich ermessen, dann würden wir alles, was uns zur Demut zwingt, als den größten Schatz betrachten: unser Elend, unsere Unfähigkeit, unsere sündigen Vergehen. «Je mehr die Seele leidet, sich entäußert und zutiefst gedemütigt wird, umso mehr erringt sie sich mit der Reinheit die Fähigkeit, erhöht zu werden. Die Erhöhung, zu der sie fähig wird, bemisst sich nach der Tiefe des Abgrundes, in dem sie ihre Wurzeln und ihre Fundamente hat»[27], sagt Angèle de Foligno. Wenn wir sehr hoch hinaufsteigen wollen, müssen wir zuerst sehr tief hinabsteigen! Theresia von Avila drückt sich so aus: «Nach meinem Dafürhalten ist ein einziger Tag, den wir in demütiger Selbsterkenntnis verlebt haben, auch wenn er uns viel Betrübnis und Mühseligkeiten gekostet hat,

---

26. Johannes vom Kreuz, Sämtliche Werke, Zweiter Band, *Dunkle Nacht*, Kösel-Verlag München 1956, Die dunkle Nacht des Geistes, 21. Kapitel, S. 165.
27. Angèle de Foligno, *Le livre des visions et instructions*, Kapitel 19, Editions du Seuil, Paris 1991, S. 63.

eine weit größere Gnade als viele Tage, die wir dem Gebete gewidmet».[28] Woanders sagt sie: «dass die ganze Grundlage des Gebetes die Demut ist, und dass Gott eine Seele um so höher erhebt, je tiefer sie sich im Gebete erniedrigt.»[29]

Vor kurzem las ich Texte von Catherine de Bar, einer französischen Nonne im XVII. Jahrhundert, die in ihrem Leben zehn Klöster der Benediktinerinnen vom Heiligsten Sakrament gründete. Sie spricht in sehr schöner Weise von jener Macht der Demut, die Gnade Gottes herabzuziehen:

> «Wir kennen nicht oder wollen nicht kennen das Geheimnis, Gottes Herz zu entzücken. Erniedrigt euch und verachtet euch selbst,[30] nicht mit Worten, sondern tief in der Wahrheit. Wenn ihr tut, was ich euch sage, wird sich der ganze Himmel auf euer Inneres stürzen und euch mit so viel Gnaden erfüllen, dass ihr damit die ganze Welt bekehren könnt. Niemand erkennt Gott, niemand kostet Gott, außer der *Demütige*.»[31]

> «Immer wollen wir etwas sein, wenn nicht bei den Geschöpfen, dann bei Gott; und nichts ist auf der Welt seltener, als einen Menschen zu finden, der sich damit

---

28. Sämtliche Schriften der hl. Theresia von Jesu, Zweiter Band, *Das Buch der Klosterstiftungen der hl. Theresia von Jesu*, Kösel-Verlag, Vierte unveränderte Auflage 1989, Fünftes Hauptstück, S. 53.
29. Sämtliche Schriften der hl. Theresia von Jesu, Erster Band, *Das Leben der heiligen Theresia von Jesu*, Kösel-Verlag München, 8. unveränderte Auflage 1994, Zweiundzwanzigstes Hauptstück, S. 211.
30. Diese Einladung zur Selbstverachtung muss recht verstanden werden, besonders heute, wo viele aus psychologischen Gründen dazu neigen, sich zu verachten, sich gering zu schätzen, ja sich sogar zu hassen. Das hat mit der evangelischen Demut gar nichts zu tun, die darin besteht, seine Armut hinzunehmen, sich mit seiner Schwäche zu versöhnen. Sich verachten ist hier so zu verstehen: seine radikale Armut erkennen, diese aber ruhig hinnehmen in vollem Vertrauen auf Gott.
31. Catherine de Bar, *Adorer et adhérer*, Editions du Cerf, Paris 1994, S. 112.

begnügt, in allem nichts zu sein, damit Gott in ihm alles ist. Alles ist in Gott und Gott ist der aus sich Seiende. So steht es um mich und das ist mein einziger Genuss, den nichts aufheben kann, nicht einmal meine Schwächen und Sünden. Erwartet nichts von euch, sondern alles von Unserem Herrn Jesus Christus.»[32]

Auch die kleine Therese von Lisieux bringt zum Ausdruck, wie sehr die Demut die göttliche Gnade herabzieht:

> «Ah! bleiben wir also weit weg von allem, was glänzt, lieben wir unsere Kleinheit, lieben wir es, nichts zu fühlen, dann werden wir arm sein im Geist, und Jesus kommt, uns zu holen, so weit wir auch entfernt sein mögen, und wandelt uns um zu Flammen der Liebe ...»[33]

Unsere mangelnde Demut – sie allein – hindert Gott daran, uns so glücklich zu machen, wie er es gern möchte und könnte. Denn seine Barmherzigkeit lässt es zu, dass wir uns als unser eigenes Gut ansehen:

> «Nichts täte Gott lieber, als uns mit sich selbst und seinen Gnaden zu erfüllen. Aber er sieht uns so voller Stolz und Selbstachtung und das hindert ihn daran, sich mitzuteilen. Denn wenn einer Seele nicht echte Demut und Selbstverachtung zugrunde liegen, ist sie nicht in der Lage, Gottes Gaben zu empfangen. Da ihre Eigenliebe sie verschlingen würde, muss Gott sie in ihrer Armut, in ihrer Finsternis, in ihrer Unfruchtbarkeit und in ihrer Nichtigkeit lassen. Die Demut ist also eine notwendige Disposition.»[34]

---

32. Catherine de Bar, *Adorer et adhérer*, Editions du Cerf, Paris 1994, S. 116.
33. Therese Martin, *Briefe*, Johannes-Verlag Leutesdorf am Rhein, Zweite Auflage 1977, Brief 197, S. 304.
34. Catherine de Bar, *Adorer et adhérer*, Editions du Cerf, Paris 1994, S. 113.

Demut kann nicht angeordnet werden. Sie kann nur die Frucht einer schmerzlichen Konfrontation mit der eigenen Armut und der eigenen Schwäche sein, die Frucht einer Entäußerung aller menschlichen Eitelkeiten und aller Ansprüche des «Ego».

«Demut besteht nicht darin, demütige Gedanken zu haben, sondern die Wahrheit, den Abgrund unseres äußersten Elends auszuhalten, wenn Gott es uns spüren lässt.»[35]

Diese Worte haben zwar etwas Strenges, doch bergen sie ein überaus freudiges Geheimnis. Eine der seltsamsten und schönsten Erfahrungen im geistlichen Leben ist folgende: In den Augenblicken, in denen unser Elend uns gleichsam zermalmt, wir es aber erkennen, es vollkommen annehmen, es hinnehmen, «in unserem Nichts zu wohnen», wenn ich so sagen darf, und es nicht verlassen (weil es die Wahrheit ist …), besucht uns Gott mit einem sehr zärtlichen Trost und wir fühlen deutlich, dass alle Reichtümer seiner Liebe und seiner Barmherzigkeit uns gehören. Unsere Armut macht uns unendlich reich. «*Selig, die arm sind vor Gott; denn ihnen gehört das Himmelreich*» (Mt 5,3). Therese von Lisieux sagt: «keine andere Freude ist derjenigen vergleichbar, die der wahrhaft Arme im Geiste verkostet.»[36]

Diesen Punkt möchte ich abschließen mit den sehr schönen Worten eines Kartäusers (entnommen einem Artikel über das Herzensgebet) über den tiefen und positiven Sinn der Erfahrung der Armut und der Schwäche, die dem geistlichen Leben innewohnt. Sie ist die Grundlage der echten Liebe.

---

35. Catherine de Bar, *Adorer et adhérer*, Editions du Cerf, Paris 1994, S. 111.
36. Therese vom Kinde Jesus, *Selbstbiographische Schriften*, Johannes Verlag Einsiedeln, Zwölfte Auflage 1991, S. 240.

«Selbst in der natürlichen Ordnung ist jede echte Liebe ein Sieg der Schwäche. Lieben besteht nicht darin, zu beherrschen, zu besitzen, sich durchzusetzen bei dem, den man liebt. Lieben bedeutet den anderen, so wie er ist, offen anzunehmen in der Gewissheit, auch von ihm voll angenommen zu sein, ohne beurteilt, getadelt oder verglichen zu werden. Zwischen zwei Menschen, die sich lieben, gibt es keine Machtproben mehr. Es gibt so eine Art gegenseitiges inneres Einvernehmen, durch das man keine Angst mehr vor irgendeiner Gefahr seitens des anderen zu haben braucht. Diese Erfahrung, selbst wenn sie stets unvollkommen bleibt, ist bereits recht überzeugend. Dennoch ist sie nur ein Abglanz der göttlichen Wirklichkeit. Sobald wir anfangen, in unserem Herzen wirklich an die unendliche Zärtlichkeit des Vaters zu glauben, fühlen wir uns gewissermaßen verpflichtet, immer tiefer hinabzusteigen und uns bejahend und fröhlich darauf einzulassen, nichts zu haben, nichts zu wissen, nichts zu können. Es gibt hier keinerlei ungesunde Selbstdemütigung. Wir dringen einfach in die Welt der Liebe und des Vertrauens ein.»[37]

11. Das Hinabsteigen in sich selbst

Um das soeben Gesagte ein wenig anders auszudrücken und das verständlich zu machen, was als Leid und Glück zugleich erlebt wird, wenn man im Gebet ausharrt, möchte ich ein Bild gebrauchen.

Wer Tag für Tag im inneren Gebet bleibt ist wie ein Mann, der ein altes Haus auf dem Land erworben hat, in dessen Garten sich ein Brunnen befindet. Ein Brunnen, der

---

37. *Paroles de Chartreux*, Editions du Cerf, 1987, S. 99.

seit vielleicht hundert Jahren nicht mehr verwendet wurde und vollgestopft ist. Dieser Mann sagt sich, dass es gut wäre, ihn wieder in Betrieb zu setzen. Also beginnt er darin zu graben. Anfangs ist das nicht angenehm: Er stößt auf dürres Laub, auf Steine, auf Schlamm, auf Abfälle aller Art, von denen einige ziemlich ekelerregend sind. Aber wenn er seine mühsame Arbeit unermüdlich fortsetzt, entdeckt er schließlich am Grund des Brunnens klares, reines Wasser, das erquickendste überhaupt.

So ist es auch bei uns: Die Treue zum Gebet zwingt uns zu einer schmerzlichen Auseinandersetzung mit dem, was in unserem Herzen wohnt. Wir finden dort Schweres, Plumpes und Schmutziges. Aber der Tag kommt, an dem wir im Grunde unseres Herzens zu einer schönen und reinen Quelle gelangen, die tiefer liegt als unsere psychischen Wunden, als unsere Sünde und unsere Befleckungen, – zu Gottes Gegenwart, die uns ganzheitlich reinigen und erneuern kann: «*wer an mich glaubt. ... Aus seinem Inneren werden Ströme von lebendigem Wasser fließen*» (Joh 7,38). Der Mensch wird nicht von außen gereinigt, sondern von innen, nicht so sehr durch eine sittliche Anstrengung, als dadurch, dass er in seinem Innern eine Gegenwart entdeckt und ihr freie Hand lässt.

Durch die Treue zum inneren Gebet finden wir in uns einen Raum der Reinheit, des Friedens, der Freiheit, der Gegenwart Gottes, der uns innerlicher ist als wir uns selbst. Das Zentrum der Seele ist Gott, sagt Johannes vom Kreuz. Wir lernen allmählich in diesem Zentrum zu leben, nicht mehr in unserer verwundeten psychischen Peripherie: den Ängsten, der Bitterkeit, der Aggressivität, den Begierden usw.

Die Verinnerlichung, die eine Frucht des Gebetes ist, ist viel mehr als bloß eine inneren Sammlung. Sie ist die Entdeckung und die Vereinigung mit einer inneren Gegenwart, die zu unserem Leben wird und zur Quelle all unserer Gedanken und unserer Taten. Weiter unten werden wir darauf zurückkommen.

12. Das Gebet – ein Akt der Liebe

Nachdem wir vom Gebet als einem Akt des Glaubens und als einem Akt der Hoffnung gesprochen haben, möchten wir nun auf die dritte «theologische Tugend» eingehen, die auch grundlegend für das Gebetsleben ist: die Liebe.

Das Gebet ist einer der privilegierten Orte, wo die Liebe geübt, also vertieft und gereinigt wird. Es ist eine wunderbare und wirksame Schule der Liebe. Es ist eine Schule der Geduld, der Treue, der Demut und des Vertrauens. Diese Haltungen sind der echteste Ausdruck wahrer Liebe. Es ist eine Schule der Liebe zu Gott, der Liebe zum Nächsten und auch (das ist nicht bedeutungslos) der Liebe zu sich selbst.

Interessiert man sich für den Platz, den die Liebe im Gebetsleben einnimmt, so kann man versichern, dass die Liebe zwar das Ziel des Gebetes ist, aber mit dem Glauben und der Hoffnung auch dessen wichtigstes Mittel. Das scheint paradox, doch so ist es bei vielem in der dem geistlichen Leben eigenen Dynamik. Die Bewegungen der Seele sind kreisend, sagt der Pseudo-Dionysius, ein griechischer Mönch im VI. Jahrhundert.

Die heilige Theresia von Avila legt bei ihren Unterweisungen im Gebet auf diesen Punkt den Akzent: Es geht nicht darum, viel zu denken, sondern viel zu lieben. Glücklicherweise, sagt sie, denn nicht alle Seelen haben eine Einbildungsgabe, aber alle sind fähig zu lieben.

Das Gebet ist ein Akt der Liebe zu Gott. Beten bedeutet, die Liebe Gottes vertrauensvoll aufzunehmen. Beten bedeutet nicht in erster Linie, etwas für Gott zu tun, sondern seine Liebe zu empfangen, sich von ihm lieben zu lassen. Das zu leben, fällt uns schwer, denn wir glauben nicht genug an diese Liebe, wir fühlen uns dieser Liebe oft unwürdig und konzentrieren uns mehr auf uns selbst als auf ihn. In unserem subtilen Stolz bemühen wir uns, für Gott schöne Dinge zu tun, anstatt uns zuerst dafür zu interessieren, was Gott uns frei schenken will. Wesentlich ist es, klein und arm in Gottes Gegenwart zu sein, aber offen und empfänglich für seine Liebe. Erlauben wir Gott, uns zu lieben, wenn ich so sagen darf, anstatt irgendetwas aus eigener Initiative tun zu wollen. Nicht unsere Aktivität zählt beim Gebet am meisten, sondern das Wirken Gottes. Wir sollen empfangen, das ist alles! Theresia von Avilas Definition des inneren Gebetes: «ein Freundschaftsverkehr, bei dem wir uns oftmals im geheimen mit dem unterreden, von dem wir wissen, dass er uns liebt»[38], betont die Liebe, die Gott zu uns hat, und nicht unsere Liebe zu ihm. «Das Verdienst besteht nicht im vielen Tun oder Geben, sondern vielmehr im Empfangen, im vielen Lieben»[39], sagt die kleine Therese von Lisieux.

---

38. Sämtliche Schriften der hl. Theresia von Jesu, Erster Band, *Das Leben der heiligen Theresia von Jesu*, Kösel-Verlag München, 8. unveränderte Auflage 1994, Achtes Hauptstück, S. 88.
39. Therese Martin, *Briefe*, Johannes-Verlag Leutesdorf am Rhein, Zweite Auflage 1977, Brief 142 an ihre Schwester Céline, S. 200.

In ihrer Autobiografie sagt unsere heilige Karmelitin, die dazu neigte, beim Beten oft einzuschlafen (das war kein böser Wille, sondern eine Schwäche aufgrund ihrer Jugend und ihres Schlafmangels):

> «Ich bin wirklich weit davon entfernt, eine Heilige zu sein, das allein schon ist ein Beweis dafür; statt mich über meine Trockenheit zu freuen, sollte ich sie meinem Mangel an Eifer und Treue zuschreiben; ich sollte trostlos darüber sein, daß ich (seit 7 Jahren) während meiner Betrachtungen und Danksagungen einschlafe; nun, es betrübt mich nicht ... ich denke, die kleinen Kinder gefallen ihren Eltern ebensosehr, wenn sie schlafen, wie wenn sie wach sind»[40].

Dieser Text unterstreicht humorvoll, dass Gott lieben nicht in erster Linie darin besteht, etwas für ihn zu tun (was bräuchte er?), sondern uns von ihm lieben zu lassen, an seine Liebe zu uns zu glauben. Das bereitet ihm die größte Freude. Nichts erfreut ihn so sehr wie das Vertrauen der ganz Kleinen.

Natürlich stimmt es, dass das Gebet auch eine Antwort unsererseits auf die Liebe ist, die Gott für uns empfindet. Beten heißt, ihm unsere Zeit zu schenken – und Zeit ist Lebenszeit! Beim Beten schenken wir uns Gott, schenken wir ihm unser Herz und unser ganzes Leben, um ganz ihm zu gehören. Beim Beten machen wir uns für seinen Willen bereit, bekunden wir ihm unsere Liebe, fassen wir in diesem Sinne Vorsätze usw.

---

40. Therese vom Kinde Jesus, *Selbstbiographische Schriften*, Johannes Verlag Einsiedeln, Zwölfte Auflage 1991, S. 167.

Das Gebet ist auch ein Akt der Liebe zum Nächsten – manchmal deutlich und bewusst, wenn wir für ihn Fürbitte einlegen. Aber selbst bei der Anbetung, bei der die Not des Nächsten unser Denken nicht beschäftigt, leben wir eine echte Nächstenliebe zu ihm. Denn das Gebet macht uns friedfertig, sanftmütig, demütiger und barmherziger, und gewiss profitieren davon die Menschen, die Gott uns begegnen lässt. Ich möchte noch hinzufügen, dass schon dadurch, dass wir uns Gott zuwenden, uns ihm im Glauben und in der Liebe nähern, all die Menschen, die wir in unserem Herzen tragen, und selbst jene, die, ohne dass wir es wissen, mit uns durch die tausend unsichtbaren, aber wirklichen Fäden der «Gemeinschaft der Heiligen» verbunden sind, gleichsam automatisch auch Gott näher gekommen sind und von unserem Gebet profitieren. Hören wir hierzu Therese von Lisieux:

> «Einfache Seelen bedürfen keiner umständlichen Mittel; da ich zu diesen zähle, gab mir Jesus eines Morgens bei der Danksagung ein einfaches Mittel, meine Sendung zu erfüllen. Er ließ mich das Wort des Hohenliedes verstehen: *"ZIEHE MICH AN DICH, WIR WERDEN EILEN nach dem Duft deiner Wohlgerüche"* (Hld 1,4). O Jesus, es ist also nicht einmal nötig zu sagen: *"Indem du mich an dich ziehst, ziehe auch die Seelen, die ich liebe, an dich!"* Dieses schlichte Wort: *"Ziehe mich an dich"* genügt. Herr, ich begreife es, wenn eine Seele sich vom *berauschenden Duft deines Wohlgeruches* bannen ließ, kann sie nicht einsam eilen: alle Seelen, die sie liebt, zieht sie hinter sich her; dies geschieht ohne Zwang, ohne Anstrengung, es ist eine natürliche Folge ihres Hingezogenseins zu dir.»[41]

---

41. Therese vom Kinde Jesus, *Selbstbiographische Schriften*, Johannes Verlag Einsiedeln, Zwölfte Auflage 1991, S. 269f.

Manchmal neigen wir dazu, das Gebet als eine «Pflicht» anzusehen. Wir realisieren nicht hinreichend, wie sehr es vor allem eine Chance ist. Es ermöglicht uns, jeden Menschen in seinen Bedürfnissen und seinem Leiden sicher zu erreichen. Das ist ein großer Trost. Das größte Leiden im Leben (die Eltern kennen es gut ...) ist, wenn man dem nicht helfen kann, den man liebt und der in Not ist. Menschlich gesehen sind wir manchmal denen gegenüber, die wir lieben, völlig machtlos und hilflos. Zum Glück bleibt uns dann das Gebet! Welch ein Geschenk von Gott!

Das Gebet ist schließlich auch ein Akt der Eigenliebe. Beten bringt uns die größte Wohltat. Es verschafft uns das wesentlichste Gut, Gott selbst, und alles, was wir in ihm finden können: Vertrauen, Frieden, Licht und Stärke, positives Wachsen ... Wie ich es weiter oben dargestellt habe, ist das Gebet auch eine Schule der Versöhnung mit sich selbst, der Annahme seiner Schwäche. Es lässt uns allmählich unsere wahre Identität entdecken, die Gnade, Kind Gottes zu sein. Es gibt eine schlechte Eigenliebe aufgrund von Egoismus, Stolz und Narzissmus, aber es gibt auch eine gute und notwendige Weise, sich selbst zu lieben, sein eigenes Gut zu verfolgen. Das Gebet ist eine der wichtigsten Quellen gesunder Eigenliebe.

Obwohl das Thema grundlegend ist, möchte ich über das Gebet als Übung der Liebe und als Ort des Wachsens in der Liebe zu Gott, zum Nächsten und zu sich selbst nicht mehr sagen. Ich schließe einfach mit einem Zitat aus einem Brief von Schwester Marie de la Trinité an eine ihrer Novizinnen, das den Vorrang herausstellt, den im Gebetsleben die Liebe vor dem Denken haben muss. Es ist gut, dies noch einmal zu sagen, denn in der westlichen Welt sind wir von einem gewissen Intellektualismus geprägt, der die Tendenz hat, das geistliche Leben mit der Aktivität des Denkens zu verwechseln. So greife ich dem Kapitel über die Gebetsmethoden ein wenig vor.

> «Das Entscheidende ist also, dass wir zum Herrn kommen, und vor allem tun wir das, nähern wir uns durch das innere Gebet, um bei Dem zu bleiben, der in uns bleibt.
>
> Als ich heute Morgen an euch dachte, schien es mir für euch gut zu sein, wenn ihr euch mit Eifer vor allem einem inneren Gebet voller Liebe hingebt, so dass ihr euch dabei Unserem Herrn mehr mit einem liebenden Willen widmet, als lange über ihn nachsinnt. In der Tat ist unser Geist so beweglich, dass er in dem Augenblick, als ihr ihn auf etwas gerichtet glaubt, schon woanders ist! … Unsere Liebe ist ganz anders – wenn sie sich äußert, wenn sie begehrt, wenn sie sucht, sieht sie nur das Geliebte, und je mehr sie das Geliebte betrachtet, umso glühender wird sie und umso mehr konzentriert sie sich darauf – und wendet sich von allem Übrigen ab. Der Geist muss, um irgendetwas zu verstehen, sich viele Gedanken machen, viele Überlegungen anstellen usw. Die Liebe jedoch macht alles umgekehrt und verlässt alles für das Geliebte. Wenn sie es gefunden hat, bleibt sie tief versunken in ihm. In einem einzigen Akt verschenkt sie sich und gibt sich völlig hin.
>
> Wohl muss zu Beginn unseres inneren Gebetes unserer Liebe ein Licht gegeben werden: ein Geheimnis des Glaubens, eine Verheißung Jesu Christi, Beispiele und Tugenden des vom Vater geliebten Sohnes – sobald aber die Seele ihre Aufmerksamkeit auf Gott gerichtet hat, soll sie sich bemühen, ihn zu lieben gemäß ihrer Erkenntnis von ihm – und die Liebe wird ihr neue Herrlichkeiten offenbaren.

Das innere Gebet muss ganz und gar in Zusammenhang mit der Liebe stehen, die dessen ganze Vollkommenheit ist – es muss bewirken, dass wir uns in Gott festmachen, nicht fühlbar, sondern willentlich, uns von allem zurückziehen, was ihn in uns betrübt, und uns anstrengen, in einer immer größeren Liebe seinem heiligsten und liebenswürdigsten Willen immer treuer zu sein.»[42]

13. Das Fazit der «theologischen Tugenden» im Gebet

Wir haben soeben gesehen, wie sehr das Üben des Glaubens, der Hoffnung und der Liebe die Grundlage des Gebetslebens ist. Je fester der Glaube ist, je vertrauensvoller die Hoffnung, je stärker das Verlangen zu lieben, umso mehr vereinigt uns das Gebet mit Gott und umso mehr Frucht bringt es. Wir brauchen nichts anderes. Der Glaube, die Hoffnung und die Liebe können im inneren Gebet in unendlich mannigfaltigen Formen geübt werden. Wir werden darauf zurückkommen. Doch seien wir darauf bedacht, uns auf sie zu konzentrieren und uns nicht mit Nebensächlichem, mit unnötigen Komplikationen zu befassen. Auch wenn wir nichts Besonderes empfinden, selbst wenn die Vorstellungskraft und der Verstand leer oder ein wenig zerstreut sind, wird unser Gebet fruchtbar sein, sobald wir vor Gott in jenen Dispositionen des Herzens sind, die manchmal auf eine einzige und sehr einfache Haltung des liebevollen Vertrauens reduziert sind. Gott wird sich uns im Verborgenen mitteilen, unabhängig von jeder sinnlichen Wahrnehmung und jeder Erleuchtung

---

42. Christiane Sanson, *Marie de la Trinité, de l'angoisse à la paix*, S. 83-84, Editions du Cerf, 2005.

des Verstandes, und in unser Herz Schätze legen, deren wir uns nach und nach bewusst werden. Manchmal ist das innere Gebet sehr trocken und arm, dennoch unterweist uns Gott, weil wir treu sind, im Geheimen, ohne dass wir es bemerken. Und dann bekommen wir plötzlich im Augenblick der Handlung, wenn es darum geht, eine Wahl zu treffen oder einem Menschen einen Rat zu geben, eine Eingebung. Therese von Lisieux hat das erfahren, wie sie in diesem Text bezeugt:

> «Jesus bedarf keiner Bücher noch Lehrer, um die Seelen zu unterweisen; Er, der Lehrer der Lehrer, unterrichtet ohne Wortgeräusch ... Nie hörte ich ihn sprechen, aber ich fühle, daß Er in mir ist, jeden Augenblick, Er leitet mich und gibt mir ein, was ich sagen oder tun soll. Ich entdecke gerade in dem Augenblick, da ich dessen bedarf, Klarheiten, die ich noch nicht geschaut hatte, und zwar sind sie zumeist nicht während der Stunden des Gebetes am reichlichsten, sondern eher bei den gewöhnlichen Beschäftigungen meines Tagewerkes ...»[43]

---

43. Therese vom Kinde Jesus, *Selbstbiographische Schriften*, Johannes Verlag Einsiedeln, Zwölfte Auflage 1991, S. 184f.

3.
Die Gegenwart Gottes

«Herr, mein Gott! du bist keinem ferne,
der sich nicht entfernt von dir.
Wie mag man sagen, du seiest abwesend?»
Johannes vom Kreuz[44]

---

44. Johannes vom Kreuz. *Die sämmtlichen Schriften des heil. Johannes vom Kreuz*, Band 2, Verlag Pustet Regensburg 1859, S. 554.

Beten bedeutet, eine Gegenwart aufzunehmen. Es ist also sinnvoll, darüber nachzudenken, auf welche verschiedenen Arten uns Gott gegenwärtig ist. Er ist es nämlich in vielfältiger Weise: in der Schöpfung, in seinem durch die Schrift weitergegebenen Wort, im Geheimnis Christi, in der Eucharistie, in unserem Herzen usw. Diese verschiedenen Modalitäten der Gegenwart Gottes sind nicht von derselben Natur. Man muss sie unterscheiden. Sie können nicht alle auf die gleiche Stufe gestellt werden. Dennoch ist jede von Bedeutung und kann unserer Gebetsweise eine bestimmte Richtung geben. Wir werden uns diesen nun zuwenden.

Eines wollen wir klarstellen: Wo Gott gegenwärtig ist, ist er zugleich verborgen – sei es in der Natur, in der Eucharistie, im Grunde unserer Seele. Gott ist wirklich gegenwärtig, aber seine Gegenwart ist mit den gewöhnlichen Mitteln der menschlichen Wahrnehmung nicht erreichbar. Keine Beobachtung, keine Psychoanalyse, kein wissenschaftlicher Versuch, kein Mikroskop oder Scanner kann die göttliche Gegenwart irgendwo feststellen. Das sozusagen einzige «Instrument», das zu dieser Gegenwart den Zugang eröffnen, sie offenbaren kann, ist jenes, von dem wir im letzten Kapitel lange gesprochen haben: «der mit Liebe durchtränkte Glaube», wie sich Schwester Marie de la Trinité ausdrückt.

DIE GEGENWART GOTTES

Gott ist jeder Realität innerlich gegenwärtig. Nichts wünscht er so sehr, als sich zu offenbaren – aber er ist ein verborgener Gott. *«Wahrhaftig, du bist ein verborgener Gott. Israels Gott ist der Retter»* (Jes 45,15). Das einzige Mittel, das ihn veranlasst, sein Versteck zu verlassen, ist die liebevolle Suche. Der Glaube und die Liebe «stöbern» ihn dort auf, wo alle anderen Mittel wirkungslos bleiben. Gott kann nur durch den Glauben und die Liebe gefunden und gewonnen werden, denn er will sich mit uns nicht anders vereinigen als in einer liebevollen Begegnung. Ihrer Natur nach ist die Liebe nicht Gegenstand eines materiellen oder wissenschaftlichen Beweises, sie ist Gegenstand des Vertrauens. Manchmal hätten wir gern, dass die Gegenwart Gottes erkennbarer, überzeugender sei, dass man sie in unwiderlegbarer Weise beweisen könnte, so dass alle Ungläubigen verblüfft wären. Aber das ist auf dieser Erde nicht möglich. Anders kann es nicht sein, sonst würde Gott aufhören, ein um unsere Liebe bettelnder und unsere Freiheit achtender Gott zu sein. Gott will nicht, dass wir mit ihm durch andere Bande als die der Liebe verbunden sind. Gott offenbart sich uns nicht durch zwingende Manifestationen und Beweise, sondern durch oft diskrete Zeichen, Indizien, Anrufe, die uns bewegen, dem Glauben frei anzuhängen. Ohne einen Akt des Glaubens können wir die göttliche Gegenwart nicht wahrnehmen.

Sobald sich aber die Augen des Glaubens öffnen, der Akt des Glaubens aufrichtig gesetzt wird, werden die ganze Wirklichkeit seiner Gegenwart und der gesamte Reichtum seiner Liebe zugänglich.

Nun möchte ich einige wichtige Aspekte der Gegenwart Gottes vor Augen führen, um unserem Gebetsleben die Richtung zu weisen.

1. Gottes Gegenwart in der Natur

Gottes erstes Wort ist seine Schöpfung. Er äußert seine Güte, seine Stärke, seine Weisheit durch die uns umgebende Welt. Zum Beten nahm der heilige Johannes vom Kreuz seine Novizen oft mit in die Natur. Pater Alexander Men sagte (dieses Wort ist seitens eines orthodoxen Russen sehr stark), dass ein Blatt eines Baumes wertvoller ist als tausend Ikonen. Es kommt sozusagen direkt aus der Hand des Schöpfers. In seiner Kindheit blieb der künftige heilige Johannes von Kronstadt (auch er gehört zur russisch-orthodoxen Kirche), der die Natur sehr liebte, manchmal vor einer Blume stehen und murmelte: «Das ist Gott!»[45] Natürlich darf man nicht in einen Pantheismus verfallen (Gott unterscheidet sich deutlich von seiner Schöpfung) noch in ein Sakralisieren der Natur, sondern man soll in ihr das Gepräge der göttlichen Liebe erkennen. Rührend ist es zu sehen, wie sehr alle Heiligen über die Schönheit der Welt staunten und wie sehr sie die Liebe und die Weisheit Gottes in den geschaffenen Dingen wahrnahmen. Wir kennen den *Sonnengesang* des Franz von Assisi und die mystischen Gedichte des heiligen Johannes vom Kreuz, die beim Betrachten der Natur die Spuren der göttlichen Schönheit sehen.

> Ihr Wälder, Büsche, herrlich anzuschauen,
> Gepflanzt durch des Geliebten Hände Macht,
> Und ihr, ihr immer lieblich grünen Auen,
> Geziert mit bunten Blumenschmelzes Pracht,
> Ging er durch euch hindurch, weil ihr so glücklich lacht?

---

45. Jean de Cronstadt, *Ma vie en Christ*, Abbaye de Bellefontaine, 1979, S. 11.

Wohl tausend Reize und Entzücken spendend
Eilt er entlang in des Gebüsches Zweigen,
Zu ihm im Gehen nur die Blicke wendend;
Mit seines Angesichtes leichtem Neigen
Ließ er zurück es, seine Schönheit nun zu zeigen.⁴⁶

Der heutige Mensch ist oft allzu sehr abgeschnitten von der Natur. Sein Lebensumfeld beschränkt sich auf eine Welt aus Makadam, Beton und Bildschirmen aller Art. Er ist Gefangener einer fabrizierten, virtuellen Welt, der Projektion seiner Phantasien, statt mit der Schöpfung in Kontakt zu stehen. Manchmal ist er deswegen von Gott (und von sich selbst) abgeschnitten.

Im Psalm 19 heißt es: «*Die Himmel rühmen die Herrlichkeit Gottes*». Seit den biblischen Zeiten haben die Gläubigen immer in der Schönheit der Schöpfung einen Abglanz der Herrlichkeit Gottes gesehen. Der moderne Rationalismus hat uns dazu unfähig gemacht; das ist schade, weil wir mit dem Fortschreiten der wissenschaftlichen Erkenntnisse tausendmal mehr Gründe haben als der Mensch in der Bibel oder im Mittelalter, über die Weisheit und die Macht Gottes zu staunen. Die Bilder der fernen Galaxien, die uns das Hubble-Weltraumteleskop sendet, die Aufnahmen der unterseeischen Welt, die verblüffenden Kenntnisse über den genetischen Code, den Urknall und die Atomstruktur setzen den Gläubigen in Staunen. Denn er weiß, dass all das kein Produkt des Zufalls oder der Notwendigkeit ist, sondern die Frucht einer schöpferischen Liebe – vor allem, wenn man wie Grignion von Montfort überzeugt ist, dass

---

46. Johannes vom Kreuz, Sämtliche Werke, Vierter Band, *Geistlicher Gesang*, Kösel-Verlag München 1957, Strophen 4 und 5, S. 7 und 9.

Gott mehr Macht und Weisheit entfaltet, um eine einzige Seele zum Heil zu führen, als für die Erschaffung des ganzen Weltalls.[47]

Vor einigen Jahren musste ich in den Libanon fliegen, um dort Exerzitien zu halten. Da ich nichts zu lesen hatte, kaufte ich am Flughafen das Buch von Hubert Reeves: *Dernières nouvelles du Cosmos*. Ich bin zwar wissenschaftlich gebildet, hatte aber seit meinem Eintritt in die Gemeinschaft keine Zeit gehabt, mich über die letzten Fortschritte der Kosmologie zu informieren. Dieses Buch ist von einem agnostizistischen Astrophysiker geschrieben, der jedoch mit viel Begeisterung von dem spricht, was die Wissenschaft im XX. Jahrhundert über die Entstehung und die Entwicklung des Weltalls entdeckt hat. Ich muss zugeben, dass dieses Buch mir besser getan hat als zehn Werke über Spiritualität! Man erfährt darin so viele fantastische Dinge, dass nämlich das heutige Universum, das sich über Milliarden Lichtjahre erstreckt, bei seiner Entstehung in einem Stecknadelkopf zusammengeballt werden konnte, oder dass unser Körper aus Atomen gebildet ist, die in Sternen erzeugt wurden, die vor einigen Milliarden Jahren am Ende ihres Lebens explodiert sind und den Urstoff in den Weltraum geschleudert haben, der später zur Herstellung der Erde und ihrer Bewohner diente. Als ich das alles entdeckte, sagte ich mir, dass ich allen Grund habe, auf meinen Gott sehr stolz zu sein!

Mit einfacheren Worten: Die Schönheit eines Sonnenuntergangs über dem Meer, das graziöse Spiel der von Ast zu Ast springenden Eichhörnchen, der Glanz einer Sternennacht, all das sind deutliche Worte, die Gott an

---

47. *Das Goldene Buch,* Lins-Verlag Feldkirch 1987, S. 222.

uns richtet, damit wir ihm vertrauen und uns furchtlos seiner Weisheit überlassen. Die Natur, mit einem Blick des Glaubens betrachtet, vermag zu trösten und zu stärken. In einer schönen Landschaft spazieren zu gehen, mit allen unseren Sinnen die Welt aufzunehmen, wie sie sich uns darbietet, und für die Schönheit der Erde und des Himmels dankzusagen, das kann oft unser Gebet nähren. Profitieren wir davon! Der Kontakt mit der Natur kann uns für die weise und liebevolle Gegenwart Gottes in unserem Leben aufgeschlossen machen und unsere Liebe und unser Vertrauen nähren.

2. Gott schenkt sich in der Menschheit Christi

In der dem Christentum eigenen Heilsgeschichte ist das wesentliche Mittel, durch das Gott den Menschen gegenwärtig ist, die Menschheit Christi. *«Denn in ihm allein wohnt wirklich die ganze Fülle Gottes»* (Kol 2,9). Durch die Fleischwerdung seines Sohnes wird Gott in höchster Weise der Immanuel, der Gott mit uns.

Alles, was uns irgendwie in Kontakt mit der Menschheit Christi bringt, lässt uns die Gegenwart Gottes aufnehmen: das demütige Anrufen des Namens Jesu, das Betrachten der Ereignisse in seinem Leben von der Menschwerdung bis zur Auffahrt in die himmlische Herrlichkeit, das Nachsinnen über seine Taten und Worte, der auf eine Ikone oder ein Kreuz gerichtete Blick, das freundschaftliche Gespräch mit Jesus, den wir uns als unseren besten und treuesten Freund an unserer Seite vorstellen, die eucharistische Anbetung, das Beten des Rosenkranzes usw. Seit der Zeit des Evangeliums bis heute konnte sich das auf abertausend verschiedene

Weisen vom Heiligen Geist und von der Findigkeit der Liebe geleitete christliche Volk das Leben und die Person Jesu zu Eigen machen und so das Geheimnis Gottes aufnehmen. Auf dieser Überzeugung beruhen mannigfaltige Gebets- und Andachtsformen, die das Leben der Kirche nähren.

Die Menschheit Jesu ist die schlichte, aber leider noch vielen verborgene Tür, die uns zum ganzen Reichtum des Geheimnisses Gottes, zur ganzen Tiefe des trinitarischen Lebens führt. Dazu gäbe es unendlich viel zu sagen und die Kirche wird immerzu alle Schätze des Lichtes und der Gnaden in Jesus zu ergründen suchen und sie sich im Glauben und in der Liebe zu Eigen machen. Der heilige Johannes vom Kreuz versichert, dass alles, was die Lehrer und heiligen Seelen als verborgene Schätze in der Menschheit des Wortes entdeckt haben, nichts ist verglichen mit dem, was uns noch zu entdecken bleibt,[48] denn *«in ihm sind alle Schätze der Weisheit und Erkenntnis verborgen»* (Kol 2,3).

Alles, was uns durch den Körper, die Sinne, das Herz, den Verstand oder den Willen irgendwie mit Jesus verbindet, lässt uns an der Gegenwart und am Leben Gottes teilhaben. Das ist eine grundlegende Dimension des christlichen Gebetes.

3. Gott – gegenwärtig in unserem Herzen

Einer der entscheidendsten Aspekte der göttlichen Gegenwart im Gebetsleben ist die Gegenwart Gottes in unserem Herzen. Wir haben die Gelegenheit gehabt, sie im

---

48. Johannes vom Kreuz, Sämtliche Werke, Vierter Band, *Geistlicher Gesang*, Kösel-Verlag München 1957, 37. Strophe, S. 280.

letzten Kapitel ein wenig vor Augen zu führen durch das Bild vom «Brunnen», doch möchten wir nun ausführlicher davon sprechen.

Es ist eine Glaubenswahrheit, dass Gott in uns wohnt. Er ist verborgen, aber wirklichen gegenwärtig. *«Das Reich Gottes ist mitten unter euch»*, versichert Jesus (Lk 17,21). Paulus sagt: *«Durch den Glauben wohne Christus in eurem Herzen»* (Eph 3,17) und dass unser Leib *«ein Tempel des Heiligen Geistes»* (1 Kor 6,19) ist.

«Du bist ein Tempel, suche keine Stätte!», sagte ein griechischer Mönch im Mittelalter.[49]

Gott ist in uns als unser Schöpfer gegenwärtig, *«denn in ihm leben wir, bewegen wir uns und sind wir»* (Apg 17,28), aber auch mit seiner Gnade und seiner Liebe, die umso stärker werden, je größer die Liebe in unserem Herzen wird. *«Wenn jemand mich liebt, wird er an meinem Wort festhalten; mein Vater wird ihn lieben und wir werden zu ihm kommen und bei ihm wohnen»* (Joh 14,23). Durch die Taufe wohnt die ganze Dreifaltigkeit in uns. Wenn wir im Glauben und in der Liebe wachsen, offenbart und verstärkt sich ihre Gegenwart.

Die ganz einfache, aber absolut grundlegende Folge dieser Wahrheit ist, dass eine der wesentlichen Dimensionen des Gebetes in der inneren Sammlung, der Verinnerlichung besteht, bei der wir uns in uns selbst zurückziehen, um dort der in uns wohnenden Gegenwart zu begegnen. Diese Gegenwart ist nicht Gegenstand des Erlebens, der Empfindung, sondern in erster Linie *Gegenstand des Glaubens*. Aber wenn wir diesen Akt des Glaubens setzen

---

49. Un moine d'Orient, *La prière de Jésus*, Editions de Chevetogne, 1963, S. 34.

und uns im Glauben bemühen, uns innerlich oft zu sammeln, um Dem zu begegnen, der dort auf uns wartet, wird dieser Glaube allmählich zu einer echten Erfahrung führen; wir werden uns davon überzeugen, dass wirklich in unserem Innersten eine nie versiegende Quelle des Friedens, der Heiligkeit, der Reinheit, des Glücks ... wohnt, Gott selbst, mit der ganzen Fülle seines Lebens und seiner Gaben. Bevor Theresia von Avila die große, uns bekannte Mystikerin wurde, hatte sie jahrelang viele Schwierigkeiten mit dem inneren Gebet. Sie bezeugt selbst, dass die Entdeckung der Gegenwart Gottes in ihr ihr Gebetsleben revolutioniert hat. Hier ein Text von ihr:

> «Nun sagt, wie ihr sehen könnt, der heilige Augustin, daß er Gott an vielen Orten gesucht und ihn endlich in seinem eigenen Innern gefunden habe. Meint ihr wohl, es sei für eine zerstreute Seele von geringer Wichtigkeit, diese Wahrheit zu erfassen und zu wissen, daß sie nicht erst zum Himmel aufsteigen müsse, um mit ihrem ewigen Vater zu reden und sich an ihm zu erfreuen? Sie braucht auch nicht laut ihre Stimme zu ihm zu erheben; denn er ist ihr so nahe, daß er sie hört, auch wenn sie ganz leise zu ihm spricht. Um ihn zu suchen, bedarf sie keiner Flügel; sie darf nur einsam in ihr Inneres blicken, wo sie ihn finden wird. Hier betrachte sie ihn; sie stelle sich ja nicht fremd gegen einen so guten Gast, sondern rede mit ihm als mit ihrem guten Vater, trage ihm als ihrem Vater ihre Bitten vor, klage ihm ihre Leiden und flehe ihn um Hilfe an! Dies geschehe jedoch mit großer Demut und in dem Bewußtsein, daß sie nicht wert sei, seine Tochter zu sein.»[50]

---

50. Sämtliche Schriften der hl. Theresia von Jesu, Sechster Band, *Weg der Vollkommenheit*, Kösel-Verlag München, 5. unveränderte Auflage 1990, Achtundzwanzigstes Hauptstück, S. 141f.

Und eine andere Textstelle:

«Vielleicht lacht man über mich und sagt, das sei ja schon an sich ganz klar. Freilich ist es klar, und ich muß darum gestehen, daß jene, die mich verlachen würden, Grund dazu hätten; denn eine Zeitlang war mir die Sache dunkel. Ich sah wohl ein, daß ich eine Seele habe; jedoch ihren Wert kannte ich nicht, und ebensowenig, wer in ihr wohne. Durch die Eitelkeiten dieses Lebens habe ich mir die Augen so verhüllt, daß ich dies nicht sehen konnte. (Hätte ich es damals erkannt,) so wie ich es jetzt erkenne, daß in dem kleinen Palast meiner Seele ein so großer König wohnt, ich glaube, ich hätte ihn nicht so oft allein gelassen, sondern mich bisweilen bei ihm aufgehalten und mich mehr bemüht, meine Seele von Schmutz reiner zu erhalten.

Wie wunderbar! Er, der tausend Welten und einen noch viel größeren Raum mit seiner Größe erfüllen kann, schließt sich in eine so kleine Wohnung ein! "So hat er sich auch in den Schoß seiner heiligsten Mutter einschließen wollen." Weil er der Herr ist, behält er in Wahrheit seine Freiheit; weil er uns aber liebt, fügt er sich unseren Verhältnissen. Um die Seele nicht zu verwirren, wenn sie sich zur Beherbergung eines so großen Herrn so klein sieht, gibt er ihr anfangs seine Größe nicht zu erkennen, bis er sie allmählich so erweitert, wie es zur Aufnahme dessen, was er in sie legen will, notwendig ist. Deshalb sagte ich, er behalte seine Freiheit, weil er nämlich die Macht hat, diesen Palast zu vergrößern. Für uns besteht die Hauptsache nur darin, daß wir uns ihm mit aller Entschiedenheit als Eigentum hingeben und hinwegräumen, was ihn hindern könnte, in uns hineinzulegen und von uns herauszunehmen, was er will. Unser Herr hat seine Gründe, so zu handeln, und darum sollen wir ihm unsere Einwilligung dazu nicht verweigern.»[51]

Ich kann nicht widerstehen, auch einen schönen Text vom heiligen Johannes vom Kreuz zu zitieren, der die gleiche Wirklichkeit in einem ganz anderen Stil ausdrückt:

«Dabei ist zu beachten, daß das Wort, der Sohn Gottes, in Vereinigung mit dem Vater und dem Heiligen Geist wesenhaft und persönlich im innersten Grunde der Seele verborgen ist, sodaß diese, wenn sie ihn finden will, ihren Neigungen und ihrem Willen nach von allen Geschöpfen ausgehen und in tiefster Sammlung in ihr eigenes Innere eingehen muß, indem sie alle Dinge betrachtet, als wären sie nicht. ... Gott ist ja in der Seele verborgen und da muß ihn der wahrhaft beschauliche Mensch in Liebe suchen und sagen: "Wo hast du dich verborgen?" Auf nun, o Seele, du schönstes aller Geschöpfe, die du so großes Verlangen trägst, den Ort zu wissen, wo dein Geliebter weilt, um ihn zu suchen und dich mit ihm zu vereinigen; höre die Antwort, daß du selbst seine Wohnstätte bist, wo er sich aufhält, das himmlische Gemach und das Versteck, wo er verborgen ist. Welch große Beruhigung und Freude ist es darum für dich zu sehen, daß all dein Glück und all deine Hoffnung dir so nahe, ja in dir selber ist, oder besser gesagt, daß du ohne ihn nicht sein kannst! ... "Sehet", so spricht der Bräutigam, "das Reich Gottes ist in euch" (Luk. 17,21). Und der Apostel Paulus, sein Diener, fügt hinzu: "Ihr seid Tempel Gottes" (2. Kor. 6,16). Es ist ein großer Trost für die Seele zu wissen, daß Gott niemals von ihr weicht, auch wenn sie in der Todsünde lebt; um wieviel

---

51. *Ibd.* S. 146f.

weniger verläßt er jene Seele, die im Stande der Gnade sich befindet! Was willst du mehr, o Seele, und was sollst du noch außer dir suchen, da du doch in dir selbst deine Reichtümer, deine Wonne, deine Befriedigung, deine Sättigung und dein Reich, mit einem Worte, deinen Liebsten besitzt, den du ohne Unterlaß herbeisehnst und suchst? Erfreue und ergötze dich an ihm in innerer Sammlung, da du ihn so nahe bei dir hast. Hier liebe ihn, hier verlange nach ihm, hier bete ihn an und geh nicht aus dir heraus, um ihn zu suchen»[52].

Man könnte eine Unmenge christlich-geistlicher Texte zitieren, die das gleiche Hingerissensein und die gleiche Einladung zum Ausdruck bringen, sich im Glauben mit dem in unserem Herzen wohnenden Gott zu vereinigen. Es gibt in unserem Leben Zeiten für Taten und zwischenmenschliche Beziehungen, aber wir müssen uns auch jene Zeiten gönnen, in denen wir uns von allem trennen, um in uns Gott zu suchen – in der Stille, der inneren Sammlung, der inneren Achtsamkeit gegenüber der in uns wohnenden Gegenwart. Wenn wir uns dies zur Gewohnheit machen (vor allem während des inneren Gebetes, aber auch in kurzer und dafür häufigerer Weise im Laufe des Tages), werden wir allmählich sehen, dass wir selbst im Eifer des Gefechts mit Gott vereint bleiben und aus dieser inneren Gegenwart unsere ganze Energie, unsere ganze Weisheit und unseren ganzen Frieden schöpfen. Wir führen kein oberflächliches, unruhiges, unordentliches, impulsives Leben mehr, sondern leben aus unserer wahren Mitte, unserem von Gott bewohnten Herzen.

---

52. Johannes vom Kreuz, Sämtliche Werke, Vierter Band, *Geistlicher Gesang*, Kösel-Verlag München 1957, 1. Strophe, S. 28f.

Wenn wir uns zuweilen von allem und allen zu trennen vermögen, um in uns Gott zu finden, werden wir mit allem und allen in effektivster Weise vereint sein.

«Glücklich die Seele, die in sich Gott gefunden hat. Sie ist glücklicher, als wenn sie die ganze Welt erobert hätte!»[53]

Wohlgemerkt, der wahre Schatz ist innerlich. Das Entdecken der echten Reichtümer in uns wird uns von den irdischen Gütern freier machen.

4. Über das Wort Gottes nachsinnen[54]

Eine weitere Modalität der Gegenwart Gottes ist für das Gebetsleben grundlegend: seine Gegenwart in der Heiligen Schrift. Gott teilt sich durch die Worte der Bibel mit. Gott wohnt in seinem Wort. Wenn wir es in unserem Herzen aufnehmen und darüber nachsinnen, empfangen wir das Geschenk seiner Gegenwart und seiner Liebe. Die beste Antwort auf die Frage: «Was soll ich tun, um die Zeit, die ich dem Gebet widmen möchte, bestmöglich zu nützen», ist meines Erachtens der Rat, mit der Betrachtung der Schrift zu beginnen. Damit sollen keineswegs andere Gebetsformen ausgeschlossen werden. Wir werden im nächsten Kapitel darauf zurückkommen. Aber es ist gut, wenn die Hauptnahrung unseres Gebetslebens das Wort Gottes ist.

Das Schöne an der Bibel ist, dass Gott sich darin nicht nur an uns wendet, zu unserem Herzen spricht, sondern uns

---

53. Catherine de Bar, *Adorer et adhérer*, Editions du Cerf, Paris 1994, S. 36.
54. In diesem Kapitel greife ich die Überlegungen wieder auf, die ich im 3. Kapitel meines Buches *Berufen zum Leben* umfassender dargestellt habe.

auch die Worte gibt, um ihm zu antworten. Zum Beispiel sind die Psalmen von einem unerschöpflichen Reichtum, um unser Gebet zu artikulieren und uns zu einer angemessenen Haltung gegenüber Gott zu verhelfen. Die Heilige Schrift ist also die Grundlage jedes echten Dialogs mit Gott. Je mehr unser Gebetsleben von der Schrift genährt wird, je reiner und tiefer es ist, umso mehr lässt es uns Gott in Wahrheit begegnen.

Wir wissen wie sehr das Zweite Vatikanische Konzil die Bibel wieder in die Mitte des christlichen Lebens stellen wollte, während noch in der jüngsten Vergangenheit die Katholiken wenig Zugang zu ihr hatten. Erinnern wir uns an die Worte der Konstitution *Dei Verbum* hierzu:

> «Die Kirche hat die Heiligen Schriften immer verehrt wie den Herrenleib selbst, weil sie, vor allem in der heiligen Liturgie, vom Tisch des Wortes Gottes wie des Leibes Christi ohne Unterlaß das Brot des Lebens nimmt und den Gläubigen reicht. In ihnen zusammen mit der Heiligen Überlieferung sah sie immer und sieht sie die höchste Richtschnur ihres Glaubens, weil sie, von Gott eingegeben und ein für alle Male niedergeschrieben, das Wort Gottes selbst unwandelbar vermitteln und in den Worten der Propheten und der Apostel die Stimme des Heiligen Geistes vernehmen lassen. Wie die christliche Religion selbst, so muß auch jede kirchliche Verkündigung sich von der Heiligen Schrift nähren und sich an ihr orientieren. In den Heiligen Büchern kommt ja der Vater, der im Himmel ist, seinen Kindern in Liebe entgegen und nimmt mit ihnen das Gespräch auf. Und solche Gewalt und Kraft wirkt im Worte Gottes, daß es für die Kirche Halt und Leben, für die Kinder der Kirche **Glaubensstärke,**

Seelenspeise und reiner, unversieglicher Quell des geistlichen Lebens ist. Darum gelten von der Heiligen Schrift in besonderer Weise die Worte: *"Lebendig ist Gottes Rede und wirksam"* (Hebr 4,12), *"mächtig aufzubauen und das Erbe auszuteilen unter allen Geheiligten"* (Apg 20,32; vgl. 1 Thess 2,13). Der Zugang zur Heiligen Schrift muß für die an Christus Glaubenden weit offenstehen.»[55]

Bedenken wir die starken Worte des Konzils: Das Wort Gottes ist *Glaubensstärke, Seelenspeise und reiner, unversieglicher Quell des geistlichen Lebens*. Es stellt auch eine gewisse Analogie zwischen der Eucharistie und dem Wort her. Die Sprache der Bibel ist eine menschliche Sprache, manchmal wortarm, begrenzt, unverständlich, aber Gott teilt sich uns durch sie wirklich mit. Über die Schrift nachzusinnen ist viel mehr als nur über einen Text nachzudenken, ihm Ideen zu entnehmen. Über die Schrift nachzusinnen bedeutet, betend und glaubend eine Gegenwart aufzunehmen, die sich uns schenkt. Das bloße liebevolle und gläubige Nachsinnen über einige Verse kann uns in eine tiefe Gemeinschaft mit Gott hineinführen. Durch sein Wort schenkt Gott sich uns als Nahrung, wie in der Hostie.

Das Hören des Wortes Gottes macht uns mit Gott vertraut. Im Leben eines sich liebenden Ehepaares schaffen das Zwiegespräch, die gewechselten Worte eine Vertrautheit, einen Raum der Gemeinschaft, der gegenseitigen Hingabe, die manchmal von der beiderseitigen körperlichen Hingabe gekrönt wird. Das Hören des Wortes Gottes, sein Widerhall in unserem Herzen, die ihm entspringende und von der Schrift genährte Antwort im Gebet ermöglichen ebenso,

---

55. *Dei Verbum*, Kapitel 6.

dass zwischen Gott und jedem Gläubigen ein wahrer Raum der Vertrautheit und der gegenseitigen Hingabe entsteht.

Jeder Christ, der in demütigem und aufrichtigem Glauben die Schrift liest und darin Gott sucht, wird von Zeit zu Zeit jene sehr schöne Erfahrung machen: Irgendeine Textstelle, obgleich vor vielen Jahrhunderten in einem geschichtlichen Kontext geschrieben, der ganz anders war als meiner, ergreift mich und spricht zu mir in einer außerordentlichen Deutlichkeit, erreicht mich genau hier und jetzt und sagt mir klar, was ich gerade vonseiten Gottes hören muss. Ich habe wirklich das Gefühl, dass jener Text von Jesaja, jener Vers eines Psalms oder eines Briefes nur für mich geschrieben wurde! Diese Erfahrung ist nicht den großen Mystikern oder den Exegeten vorbehalten. Jeder Christ ist gerufen, sie zu machen. Unser Leben als Gläubige spielt sich vor allem heute in einem schwierigen Umfeld ab und daher eröffnet Gott allen Kleinen und Armen die Reichtümer seines Wortes mehr denn je. Ich bin völlig überzeugt, dass der einfachste und ungebildetste Gläubige in der Bibel Schätze des Lichtes und der Weisheit entdecken kann, die keiner vor ihm entdeckt hat. Sie spricht in einzigartiger und persönlicher Weise zu jedem Herzen.

Jenes kurze Zeugnis möchte ich gern geben: Vor einigen Jahren durchlebte ich eine schwierige Zeit: Erschöpfung, Niedergeschlagenheit, schmerzliches Gefühl über meine beklagenswerte Lage ... Ich verbrachte einige Tage in einem Benediktinerkloster, um Gott meine Not, meine unbeantworteten Fragen usw. zu übergeben. Bei den Stundengebeten ließ ich mich vom Rhythmus des Psalmengesangs erfüllen. Und plötzlich kam bei der Psalmodie folgender Vers: *«Komm wieder zur Ruhe, mein Herz! Denn der Herr hat dir Gutes getan.*»⁵⁶ Ich fühlte damals, dass sich Gott durch diese ganz einfachen Worte an mein Herz wandte, und fand darin großen Trost.

5. Wort Gottes und Unterscheidung

«*Dein Wort ist meinem Fuß eine Leuchte*», sagt der Psalm 119. Die regelmäßige Konfrontation mit dem Wort Gottes ist lebenswichtig, weil nur es die Wahrheit unseres Lebens ans Licht bringen kann. Das dem Wort Gottes eigene starke Unterscheidungsvermögen wird im Hebräerbrief in einer Textstelle klar herausgestellt, die wir bereits zitiert haben:

> «*Denn lebendig ist das Wort Gottes, kraftvoll und schärfer als jedes zweischneidige Schwert; es dringt durch bis zur Scheidung von Seele und Geist, von Gelenk und Mark; es richtet über die Regungen und Gedanken des Herzens; vor ihm bleibt kein Geschöpf verborgen, sondern alles liegt nackt und bloß vor den Augen dessen, dem wir Rechenschaft schulden*» (Hebr 4,12-13).

Die Schrift ist gleichsam ein Spiegel, der dem Menschen ermöglicht, sich wahrhaft zu erkennen, im Guten wie im Schlechten. Sie zeigt unsere Kompromisse mit der Sünde auf, unsere Zweideutigkeiten, unser nicht evangelisches Verhalten. Sie lässt aber auch das Beste in uns aufblitzen, um es freizulegen und zu fördern. Sie erreicht die Scheidung von Seele und Geist. Mit anderen Worten, sie ermöglicht die Unterscheidung, was psychische Konstruktionen sind (was in den Bereich unserer verletzten Menschheit fällt) und was geistlich ist (was der Dynamik der Liebe ent-

---

56. Ps 116,7.

springt). Der heilige Jakobus, der dieses Bild vom Spiegel benützt, lädt uns ein, uns in das Wort Gottes zu vertiefen, das er *«das vollkommene Gesetz der Freiheit»* nennt, an ihm festzuhalten und danach zu handeln, damit wir durch unser Tun selig werden (Jak 1,25).

Gut ist es für uns, wenn wir uns regelmäßig dem Wort Gottes aussetzen. Es allein kann in unserem Leben eine tiefe Unterscheidung bewirken und es erleuchten. Nicht der Mensch bearbeitet die Bibel, sondern die Bibel bearbeitet den Menschen. Tag für Tag sollen wir uns von ihr durch diese oder jene bestimmte Textstelle bearbeiten und formen lassen. Dadurch gehen wir das Risiko ein, dass das Wort Gottes uns manchmal Dinge sagt, die wir nicht gern hören wollen. Aber schließlich bringt es uns Leben, Freiheit und Frieden. Sei es, dass es uns korrigiert oder dass es uns tröstet, es teilt uns das Leben mit. Hören wir Johannes Paul II. in *Novo Millennio Ineunte*:

> «Besonders notwendig ist es, daß das Hören des Wortes zu einer lebendigen Begegnung in der alten und noch immer gültigen Tradition der lectio divina wird. Sie läßt uns im biblischen Text das lebendige Wort erfassen, das Fragen an uns stellt, Orientierung gibt und unser Dasein gestaltet.»

Nicht alles ist in der Schrift sofort verständlich. Einige Textstellen erscheinen uns dunkel und können uns sogar schockieren. Aber wenn unsere Suche aufrichtig ist, wird uns häufig ein Licht geschenkt: Dieser oder jener Vers wird verständlich und spricht in schöner Weise zu unserem Herzen. Durch seinen Heiligen Geist gibt uns der auferstandene Christus das *«Verständnis der Schrift»* (Lk 24,45), wie er es seinen Jüngern gegeben hat. Diese Erleuchtung kann nur schrittweise erfolgen, aber sie ist eine reelle Erfahrung.

Was ermöglicht diese innere Erleuchtung, die uns den Zugang zum Reichtum des Wortes Gottes eröffnet? Ich meine, dass *ein echtes Verlangen nach Umkehr* wesentlich ist. Wenn wir beim Beten die Schrift lesen, darauf vertrauen, dass Gott dort auf uns wartet, und aufrichtig danach verlangen, dass sein Wort uns zu Herzen geht, unsere Sünde aufdeckt und in uns eine echte Bekehrung auslöst, wenn wir fest entschlossen sind, nach seinem Wort zu handeln, dann wird die Schrift für uns verständlich werden. Das ist das wichtigste Geheimnis der Exegese.

Damit will ich nicht sagen, dass andere Dinge unnütz sind. Auch ein Bibelstudium ist gut, wenn wir die Möglichkeit dazu haben. Die kleine Therese von Lisieux hätte gern Griechisch und Hebräisch verstanden. Eine exegetische Bildung kann sehr wertvoll sein. Aber nie dürfen wir vergessen, dass sich die Schätze der Schrift nicht so sehr den Weisen und Gelehrten eröffnen als vielmehr jenen, die nur eines suchen: Gott mehr zu lieben und sich zum Evangelium zu bekehren.

6. Das Wort Gottes – eine Waffe im Kampf

Jene Vertrautheit mit dem Wort Gottes ist umso notwendiger als es eine wesentliche Waffe im geistlichen Kampf ist. Im sechsten Kapitel des Epheserbriefes ermahnt Paulus die Adressaten, vertrauensvoll und mutig den Kampf auf sich zu nehmen, der zu jedem echten christlichen Leben gehört:

«Werdet stark durch die Kraft und Macht des Herrn! Zieht die Rüstung Gottes an, damit ihr den listigen Anschlägen des Teufels widerstehen könnt» (Eph 6,10-11).

Paulus beschreibt etwas weiter unten, welches die verschiedenen Teile dieser Rüstung sind, die wir anlegen sollen, um *«am Tag des Unheils standhalten ... und ... bestehen»* zu können. Der letzte und nicht geringste Teil, den er erwähnt, ist *«das Schwert des Geistes, das ist das Wort Gottes»*.

Dies will uns bewusster machen, dass die Heilige Schrift eine unentbehrliche Hilfe bei den Kämpfen und Prüfungen dieses Lebens ist.

Es ist lebenswichtig, dass wir uns bei unseren Kämpfen auf die Heilige Schrift stützen können. Papst Johannes Paul II. sagte, dass ein Christ, der nicht betet, ein gefährdeter Christ[57] ist. In analoger Weise möchte ich sagen, dass ein Christ, der nicht regelmäßig das Wort Gottes liest, ein gefährdeter Christ ist. *«Der Mensch lebt nicht nur von Brot, sondern von allem, was der Mund des Herrn spricht»* (vgl. Dtn 8,3). Es gibt zu viel Verworrenheit in den uns umgebenden Denkarten und den von den Medien verbreiteten Reden und wir sind zu schwach, um auf das Licht und die Kraft verzichten zu können, die wir aus der Bibel schöpfen.

Die synoptischen Evangelien, insbesondere das Markusevangelium, zeigen, wie sehr die Menschen von der Autorität des Wortes Jesu betroffen waren: *«Und die Menschen waren sehr betroffen von seiner Lehre; denn er lehrte sie wie einer, der (göttliche) Vollmacht hat, nicht wie die Schriftgelehrten»* (Mk 1,22). Und weiter unten: *«Was hat das zu*

---

57. *Novo Millennio Ineunte*, Nr. 34.

bedeuten? Hier wird mit Vollmacht eine ganz neue Lehre verkündet. Sogar die unreinen Geister gehorchen seinem Befehl» (Mk 1,27). Diese Autorität, die so viele Zuhörer prägt, hat zwei Aspekte. Der erste Aspekt dieser Autorität ist die Tatsache, dass Jesus in seinem eigenen Namen spricht und sich nicht auf die Autorität eines anderen stützt. So grenzt er sich ab von der gewöhnlichen Unterweisung der Rabbiner seiner Zeit, die nichts behaupteten, ohne sich auf die Weisen zu berufen, die vor ihnen gelebt hatten (natürlich fügten sie ihre eigene Note hinzu). Jesus ist kein Glied bei der Weitergabe von Gottes Wort, er ist das Wort selbst, dessen Quelle und dessen Sprudeln. Der andere Aspekt der Autorität des Wortes Jesu ist seine Macht und seine Wirksamkeit. Wenn er einen unreinen Geist austreibt, flieht dieser widerstandslos. Wenn er dem aufgewühlten Meer befiehlt: «*Schweig, sei still!*», tritt völlige Stille ein (nicht nur bei den Wellen, sondern auch in den erregten und unruhigen Herzen der Jünger!). Wenn er zu einer armen Sünderin sagt: «*Deine Sünden sind dir vergeben*», fühlt sich die Frau sofort verwandelt, gereinigt, zutiefst versöhnt mit Gott und mit sich selbst, bekleidet mit einer neuen Würde und glücklich über sich selbst.

Diese Autorität will uns nicht erdrücken, ganz im Gegenteil, sie hat Macht über das Böse, über unsere Feinde, über den Ankläger. Sie ist für uns, für unsere Erbauung und zu unserem Trost. Wir müssen unbedingt lernen, uns auf die Autorität des Wortes Gottes zu stützen, die eine Kraft birgt, die kein menschliches Wort hat.

In unserem Leben werden wir Zeiten durchmachen, in denen die segensreiche Autorität des Wortes Gottes unsere letzte Rettung sein wird. Nicht wenn wir uns auf unsere

Gedanken und Überlegungen verlassen (die sich als völlig zweifelhaft erweisen werden), sondern nur wenn wir uns auf ein Wort der Schrift stützen, werden wir in gewissen Zeiten der Prüfung standhalten können. Jesus selbst, der in der Wüste vom Teufel versucht wurde, hat sich der Schrift bedient, um ihm zu widerstehen. Bleiben wir nur auf der Ebene der menschlichen Einwände und Überlegungen, dann wird eines Tages der Verführer schlauer und stärker sein als wir. Allein das Wort Gottes ist in der Lage, ihn zu entwaffnen.

Wir alle haben jene Erfahrung gemacht oder werden sie eines Tages machen, dass wir aus gewissen Zeiten der Verwirrung, des Zweifels, der Prüfung nicht herauskommen können, wenn wir auf der Ebene der Überlegungen bleiben. In einer beunruhigenden Lage, die zum Beispiel die Zukunft betrifft, laufen wir Gefahr, in eine völlige Sackgasse zu geraten, wenn wir versuchen, diese Unruhe mit Hilfe von Argumenten zu dämpfen. Denn welches von unseren beunruhigenden und beruhigenden Motiven den Sieg davontragen wird, wissen wir nie so recht, da unser Verstand außerstande ist, alles vorauszusehen und alles zu beherrschen. Das einzige Mittel, uns für die gute Seite zu entscheiden (die des Vertrauens, der Hoffnung und des Friedens), ist nicht eine Vervielfachung der Argumente (man wird immer ein Gegenargument finden), sondern uns an ein Wort der Schrift zu erinnern und uns im Glauben auf dieses Wort zu stützen. *«Sorgt euch also nicht um morgen»* (Mt 6,34) oder *«Fürchte dich nicht, du kleine Herde! Denn euer Vater hat beschlossen, euch das Reich zu geben»* (Lk 12,32) oder *«Bei euch aber sind sogar die Haare auf dem Kopf alle gezählt»* (Lk 12,7).

Der wahre Frieden ergibt sich nicht aus der Schlussfolgerung einer menschlichen Überlegung. Er kann nur aus einem Festhalten des Herzens an den Verheißungen Gottes kommen, die uns das Wort Gottes mitteilt. Wenn wir in einem Augenblick des Zweifels oder der Verwirrung durch einen Akt des Glaubens an einem Wort der Schrift festhalten, wird die diesem Wort eigene Autorität für uns zu einer Stütze und Kraft. Hier ist nicht die Rede von einem Zauberstab, der gegen jede Ratlosigkeit und Angst völlig immun macht. Aber im vertrauensvollen Festhalten am Wort Gottes finden wir auf geheimnisvolle Weise eine Kraft, die uns nichts anderes verschaffen kann. Es hat eine besondere Macht, uns in der Hoffnung und im Frieden zu verankern, ganz gleich, was geschieht. Der Hebräerbrief erwähnt im Hinblick auf die Verheißung Gottes an Abraham: *«der Eid dient ihnen zur Bekräftigung und schließt jeden weiteren Einwand aus»* (Hebr 6,16). Das im Glauben ergriffene Wort Gottes hat die Macht, unserer Unentschlossenheit und dem Hin und Her unserer unsicheren Überlegungen ein Ende zu setzen und uns in der Wahrheit und im Frieden zu verankern. Die Hoffnung, die das Wort Gottes verschafft, ist der *«sichere und feste Anker der Seele»* (vgl. Hebr 6,19).

Zahllos sind die Beispiele der Schriftworte, die für uns in unseren Kämpfen ein wertvoller Ruhepunkt sein können. Wenn ich mich allein und verlassen fühle, ruft mir die Schrift zu: *«Kann denn eine Frau ihr Kindlein vergessen, eine Mutter ihren leiblichen Sohn? Und selbst wenn sie ihn vergessen würde: ich vergesse dich nicht»* (Jes 49,15). Wenn ich Gott fern wähne, sagt sie mir: *«Ich bin bei euch alle Tage bis zum Ende der Welt»* (Mt 28,20). Wenn ich mich von meiner Sünde niedergedrückt fühle, antwortet sie mir: *«Ich denke nicht*

DIE GEGENWART GOTTES

mehr an deine Sünden» (Jes 43,25). Wenn ich den Eindruck habe, nicht über das zu verfügen, was ich bräuchte, um im Leben voranzukommen, lädt mich der Psalm ein, jenen Akt des Glaubens zu setzen: *«Der Herr ist mein Hirte, nichts wird mir fehlen»* (Ps 23,1).

Es soll also kein Tag vergehen, an dem wir nicht wenigstens einige Minuten über eine Bibelstelle nachsinnen. Sie wird uns manchmal etwas trocken und dunkel scheinen, aber wenn wir sie treu, in Einfalt und betend lesen, dringt sie tief in unser Gedächtnis ein, ohne dass wir uns dessen bewusst sind. Und an dem Tag, an dem wir in einem widrigen Augenblick ihrer bedürfen, wird uns ein Vers wieder einfallen und genau das Wort sein, auf das wir uns stützen können, um die Hoffnung und den Frieden wiederzufinden.

4.
Praktische Ratschläge zum persönlichen Gebet

«Das höchste Gut ist Gebet und Gespräch mit Gott».
Homilie aus dem IV. Jahrhundert[58]

---

58. Lektionar zum Stundenbuch, Zweite Lesung vom Freitag nach Aschermittwoch.

In diesem Kapitel möchte ich einige praktische Ratschläge zum persönlichen Gebet geben. Selbstverständlich können sie ganz flexibel befolgt und jeder speziellen Situation angepasst werden. Entscheidend ist, sozusagen ins kalte Wasser zu springen und allmählich zu entdecken, zu welcher Gebetsweise der Heilige Geist uns führt. Es gibt in diesem Bereich ganz verschiedene Rufe und Gnaden. Jeder muss sich der besonderen Gabe öffnen, die ihm zuteil wird.

Wir wollen mit einigen Bemerkungen über die Beziehung zwischen den Gebetszeiten und dem übrigen Leben beginnen.

1. Außerhalb der Gebetszeit

Die Qualität des persönlichen Gebetes ist natürlich auch dadurch bedingt, wie wir außerhalb der Gebetszeiten leben. Wir können uns in der Zeit des inneren Gebetes nicht mit Gott vereinigen, wenn wir uns nicht bemühen, bei allen unseren anderen Tätigkeiten mit ihm vereint zu sein. Wir sollen diese in seiner Gegenwart verrichten, in dem Bemühen, ihm zu gefallen und seinen Willen zu tun, ihm unsere Entscheidungen und unsere Entschlüsse anvertrauen, uns bei den Lebensentscheidungen vom Licht des Evangeliums leiten lassen, mit selbstloser Liebe handeln usw.

Wie wir gesehen haben, verstärken regelmäßige Gebetszeiten die inneren Dispositionen zu Glauben, Hoffnung und Liebe, die nicht nur während des Gebetes kostbar sind. Sie müssen die Stütze und die Grundausrichtung unseres ganzen Lebens und aller unserer Tätigkeiten sein.

Über die Beziehung zwischen dem Gebet und dem übrigen Leben könnte man viel sagen, aber ich möchte den Akzent nur auf zwei Punkte legen: leben in der Gegenwart Gottes und üben der Liebe.

Zum ersten Punkt: Bemühen wir uns, unser ganzes Leben allmählich zu einem Dialog mit Gott zu machen – in der Einfachheit und Flexibilität, ohne Anspannungen, allerdings in ständigem Streben nach Gemeinschaft mit ihm, die wir nicht unbedingt in besonderen Empfindungen suchen sollen, sondern in den ganz einfachen Haltungen des Glaubens, der Hoffnung und der Liebe, von denen ich vorhin gesprochen habe.

Ausnahmslos alles, was unser Leben ausmacht, kann den Dialog mit Gott nähren: die schönen Dinge, um ihm kurz dankzusagen, die Sorgen, um seine Hilfe zu erbitten, die schwierigen Entscheidungen, um das Licht seines Geistes zu erflehen, selbst unsere Sünden, um ihn um Verzeihung zu bitten! Wir müssen alle Mittel einsetzen. Gott verlangt von uns nicht in erster Linie, vollkommen zu sein, sondern mit ihm zu leben. Ich zitiere einige Worte von dem Bruder Laurent de la Résurrection, einem Pariser Karmeliten im XVII. Jahrhundert, der in seinem Kloster Koch und Schuster war. Er war ein einfacher, aber mit viel Weisheit begabter Mensch, dessen ganzes geistliches Leben von dem Wunsch beseelt war, alles in der Gegenwart Gottes zu leben:

«Die heiligste, alltäglichste und notwendigste Übung im geistlichen Leben ist die Gegenwart Gottes, das heißt, Freude an seiner göttlichen Gesellschaft zu haben, sich an sie zu gewöhnen; zu jeder Zeit, immerzu demütig mit ihm sprechen, sich liebevoll mit ihm unterhalten, ohne Regel und ohne Maß, vor allem in Zeiten der Anfechtung, des Leids, der Trockenheit, des Überdrusses, ja sogar der Treulosigkeit und der Sünde. Wir müssen uns ständig bemühen, dass alle unsere Handlungen unterschiedslos gleichsam improvisierte Kurzgespräche mit Gott sind, so wie sie aus der Reinheit und Einfalt des Herzens kommen.

Wir müssen in unserer Arbeit und unseren anderen Tätigkeiten, selbst im Lesen, auch wenn es geistlich ist, in unseren Andachtsübungen und gesprochenen Gebeten möglichst oft innehalten und Gott im Grunde unseres Herzens anbeten, ihn beiläufig und gleichsam verstohlen kosten, ihn loben, ihn um seinen Beistand bitten, ihm unser Herz schenken und ihm danken. Was kann für Gott angenehmer sein, als unzählige Male am Tag die Geschöpfe zu verlassen, uns zurückzuziehen und ihn in unserem Innern anzubeten?

Um mit Gott zu sein, ist es nicht notwendig, immer in der Kirche zu sein. Wir können unser Herz zu einem Oratorium machen, in das wir uns von Zeit zu Zeit zurückziehen und uns mit ihm unterhalten. Jeder ist zu diesen vertrauten Gesprächen mit Gott fähig.»

Der zweite Punkt, auf den der Akzent zu legen ist, ist das konkrete Üben der Nächstenliebe, das eine unerlässliche Bedingung für das Wachsen im Gebetsleben ist. Wie können wir behaupten, Gott zu begegnen und uns im Gebet mit ihm zu vereinigen, wenn wir der Not unseres Nächsten gleichgültig gegenüberstehen? Wie können wir behaupten,

Gott zu lieben, wenn wir unseren Bruder nicht lieben? Hören wir Theresia von Avila:

> «Wenn ich Seelen sehe, die darauf erpicht sind, die Gebetsweise zu erkennen, die sie üben, und dann, wenn sie darin verweilen, so verspannt sind, dass sie, wie es aussieht, das Nachdenken weder anzurühren noch anzustoßen wagen, damit ihnen beim Verkosten der Wonne und Andacht nur ja nichts entgeht, dann sehe ich daran, wie wenig sie von dem Weg verstehen, auf dem man zur Gotteinung gelangt, wo sie glauben, das ganze Geschäft würde darin bestehen. Aber nein, Schwestern, nein! Werke will der Herr! Und wenn du eine Kranke siehst, der du ein wenig Linderung verschaffen kannst, dann mache es dir nichts aus, diese Andacht zu verlieren, und ihr dein Mitgefühl zu zeigen; und wenn ihr etwas weh tut, dann soll es dir wehtun, und wenn nötig, sollst du fasten, damit sie zu essen hat, nicht so sehr ihretwegen, sondern weil du weißt, dass dein Herr das möchte. Das ist die wahre Einung mit seinem Willen.»[59]

Mangelnde Liebe zum Nächsten, das Verschließen unseres Herzens vor seiner Not, bewusster Groll, die Verweigerung der Vergebung, all das kann unser Gebetsleben unfruchtbar machen; dessen müssen wir uns bewusst sein.

Hingegen fallen die Werke der Barmherzigkeit und der Güte gegenüber unseren Mitmenschen auf unsere Beziehung zu Gott zurück, besonders im Gebet. Vergessen wir nicht die großartigen Verheißungen im 58. Kapitel von Jesaja an jene, die die Nächstenliebe üben:

---

59. Theresa von Avila, *Wohnungen der Inneren Burg*, Verlag Herder 2005, Fünfte Wohnungen, Kapitel 3, S. 202f.

> *«Nein, das ist ein Fasten, wie ich es liebe: ... an die Hungrigen dein Brot auszuteilen, die obdachlosen Armen ins Haus aufzunehmen, wenn du einen Nackten siehst, ihn zu bekleiden und dich deinen Verwandten nicht zu entziehen. Dann wird dein Licht hervorbrechen wie die Morgenröte und deine Wunden werden schnell vernarben. Deine Gerechtigkeit geht dir voran, die Herrlichkeit des Herrn folgt dir nach. Wenn du ... dem Hungrigen dein Brot reichst und den Darbenden satt machst, dann geht im Dunkel dein Licht auf und deine Finsternis wird hell wie der Mittag. Der Herr wird dich immer führen, auch im dürren Land macht er dich satt und stärkt deine Glieder. Du gleichst einem bewässerten Garten, einer Quelle, deren Wasser niemals versiegt»* (Jes 58,6-11).

Wenn der Garten unseres Herzens von der göttlichen Gnade gut bewässert sein soll, müssen wir unseren Nächsten ganz konkret lieben!

Weiter oben haben wir die verschiedenen Modalitäten der göttlichen Gegenwart vor Augen geführt. Von einer habe ich noch nicht gesprochen, auf die aber das Evangelium großen Nachdruck legt: die Gegenwart Gottes im Armen, in dem, der mich braucht.

> *«Amen, ich sage euch: Was ihr für einen meiner geringsten Brüder getan habt, das habt ihr mir getan»* (Mt 25,40).

Wenn wir die Gegenwart Jesu in unseren Brüdern erkennen können, werden wir sie auch leichter im Gebet entdecken, und umgekehrt ...

Manchmal können Zeiten der Trockenheit beim inneren Gebet, das Fehlen einer spürbaren Freude beim Beten ein Ruf sein, die göttliche Gegenwart woanders zu suchen, insbesondere in den Werken der Nächstenliebe. Das bedeutet nicht, dass wir das innere Gebet aufgeben sollen, sondern dass uns Jesus auch anderswo erwartet und wir mehr auf seine Gegenwart in jenen achten sollen, die unserer Liebe bedürfen, besonders die Armen und die Kleinen. Vergessen wir auch nicht, dass es manchmal beim Beten Sinnestäuschungen gibt, in der Nächstenliebe jedoch nicht. Wenn wir uns um unseren Nächsten kümmern, begegnen wir Gott sicher.

Der Glaube und die Hoffnung der Therese vom Kinde Jesus wurden am Ende ihres Lebens recht hart geprüft. Sie wurde von Versuchungen heimgesucht, die ihr in diesen Bereichen jede spürbare Freude nahmen. Erstaunlicherweise entdeckte sie in dieser Zeit sehr stark die Bedeutung der Nächstenliebe wieder:

> «Dieses Jahr, geliebte Mutter, hat der liebe Gott mir die Gnade geschenkt zu verstehen, was die christliche Liebe ist; ich verstand es zuvor, es ist wahr, doch auf unvollkommene Weise»[60].

Es ist die Rede vom Jahr 1897, ihrem Todesjahr. Die letzten großen Lichter, die unsere kleine «Kirchenlehrerin» empfing, betreffen das Geheimnis der Nächstenliebe, die sie in ihrem letzten Lebensabschnitt mit neuem Eifer übte und über die sie Herrliches[61] schrieb.

Nun wollen wir von der dem Gebet gewidmeten Zeit sprechen. Als Erstes müssen wir sie in unseren Lebensrhythmus integrieren.

---

60. Therese vom Kinde Jesus, *Selbstbiographische Schriften*, Johannes Verlag Einsiedeln, Zwölfte Auflage 1991, S. 231.
61. Siehe den ganzen Teil der Handschrift C, der auf die zitierte Stelle folgt.

2. In einen bestimmten Rhythmus bringen

Das menschliche Leben ist rhythmisch: der Rhythmus der Atmung, der Rhythmus von Tag und Nacht, der Rhythmus der Wochen und Jahre ... Wenn wir dem Gebet treu bleiben wollen, muss dieses einen Platz in unserem Lebensrhythmus finden. Wir müssen uns daran gewöhnen, zu einer bestimmten Tageszeit zu beten, wöchentlich eine besondere, für Gott reservierte Zeit vorzusehen usw. Die Gewohnheit, die Routine oder Faulheit sein kann, kann allerdings auch eine Kraft sein. Durch sie vermeiden wir, die Dinge wieder zur Diskussion zu stellen oder uns jedesmal fragen zu müssen, was wir tun oder nicht tun sollen. Wenn wir nur gelegentlich beten, wenn wir warten, bis wir Zeit zum Beten haben, werden wir sehr wenig und oberflächlich beten. Wir müssen uns für das Gebet Zeit nehmen und dieses in unseren Lebensrhythmus integrieren wie alle Tätigkeiten, die wir als lebenswichtig erachten: Essen, Schlafen usw. Noch niemand ist vor Hunger gestorben, weil er keine Zeit zum Essen hatte! Wenn wir sagen, dass wir keine Zeit zum Beten haben, so bedeutet das lediglich, dass das Gebet nicht zu unseren Prioritäten gehört. In flexibler Weise und immer unter Berücksichtigung eines dringenden Werkes der Nächstenliebe muss also jeder einen täglichen oder wöchentlichen Gebetsrhythmus in sein Leben einfügen – einen ausreichenden Rhythmus, der freilich mit den familiären und beruflichen Verpflichtungen vereinbar ist: beispielsweise zwanzig Minuten Betrachtung jeden Morgen oder jeden Abend, donnerstags am späten Nachmittag eine Stunde Anbetung in der Pfarrei, einen monatlichen «Wüsten»-Nachmittag usw.

Natürlich haben wir nicht alle dieselben Möglichkeiten. Das wird für einen Rentner einfacher sein als für einen viel beschäftigten Menschen. Tun wir unser Möglichstes. Wie ich bereits gesagt habe, kann Gott einem Menschen, der täglich nur zehn Minuten dem Gebet widmen kann, da er von seinen Tätigkeiten, die für ihn der Wille Gottes sind, stark beansprucht ist, ebenso viel geben wie einem Mönch, der fünf Stunden am Tag betet. Trotzdem sollten wir mutige Entschlüsse fassen. Im Jahr 2011 sagten die Statistiken, dass ein Franzose im Durchschnitt täglich 3 Stunden und 32 Minuten vor dem Fernseher verbringt! Diese Zeit kann ganz gewiss reduziert werden für etwas Zeit für den lieben Gott, ohne unser Leben zu gefährden! Lassen wir uns nicht vom Teufel in die Falle locken, der uns immer, mit tausend guten Gründen, vom Beten abzubringen versucht. Und wir müssen wissen, dass alles, was wir Gott geben, uns hundertfach zurückgegeben wird!

3. Anfang und Ende des inneren Gebetes

Wir wollen uns nun der Gebetszeit selbst zuwenden. Wie sollen wir diese Zeit gestalten? Hierzu einige einfache Bemerkungen.

Besonders müssen wir auf den Anfang und das Ende achten und dazwischen unser Möglichstes tun! Wichtig ist der Anfang, vor allem, dass wir uns wirklich in Gottes Gegenwart begeben. Wir können entweder an den in unserem Herzen gegenwärtigen Gott denken oder uns Christus als einen anwesenden Freund vorstellen oder uns unter den liebevollen Blick unseres himmlischen Vaters stellen oder einen gläubigen Blick auf die Eucharistie richten (wenn wir in der eucharistischen Anbetung sind) ...

Dieser entschiedene Akt der «Vergegenwärtigung» ist manchmal anstrengend. Wir müssen unsere Sorgen, alles, was unseren Kopf beherrscht und unsere Einbildungskraft beschäftigt, beiseite lassen und uns entschlossen Gott zuwenden, unsere Aufmerksamkeit und unsere Liebe auf ihn richten. Zuvor kann manchmal eine gewisse «Schleuse» nützlich sein, die uns ermöglicht, die Unruhe zu überwinden, ins Gebet zu gehen und den Kopf ein wenig frei zu machen: fünf Minuten Bewegung, etwas Entspannung oder tiefe Atmung, eine Tasse Tee ... Manchmal brauchen wir vor der Gebetszeit eine gewisse psychologische Schwelle, die einen Übergang vom täglichen Stress zu jener ganz anderen, mehr empfangenden Tätigkeit ermöglicht, die das Gebet ist.

Der Akt der Vergegenwärtigung Gottes zu Beginn des Gebetes wird oft erleichtert durch einige zur Gewohnheit gewordenen Übungen, eine kleine Gepflogenheit, die wir uns angeeignet haben und mit der wir das innere Gebet einleiten: das Anzünden einer Kerze vor einer Ikone, eine Verneigung, das Anrufen des Heiligen Geistes, das Beten eines geliebten Psalms, ein Gebet zur Jungfrau Maria, um ihr diese Gebetszeit anzuvertrauen ... Je nachdem wie Gott jeden inspiriert und was ihm helfen kann ...

Nun ein Wort zum Gebetsende. Der erste Rat lautet: in der Regel die ganze festgesetzte Zeit im Gebet treu auszuharren. Wenn ich beispielsweise beschlossen habe, täglich eine halbe Stunde dem inneren Gebet zu widmen, darf ich diese Zeit nicht abkürzen – es sei denn, ich bin sehr erschöpft oder es gibt einen dringenden Fall von Nächstenliebe. Einerseits ist es eine Frage der Treue: Was ich beschlossen habe, Gott zu schenken, darf ich nicht zurücknehmen. Andererseits, wenn wir das Gebet zu leicht abkürzen, weil es uns langweilt, kann das manchmal zur Folge haben, dass wir auf das Beste verzichten. Wir stehen sozusagen vor der Nachspeise vom Tisch auf. Freilich ist das keine starre Regel, doch zeigt die Erfahrung, dass uns Gott manchmal in den letzten Minuten des inneren Gebetes besucht. Er hat unsere Treue gesehen, und selbst wenn das Gebet fast die ganze Zeit über arm und schwierig war, gibt es plötzlich im letzten Augenblick gewissermaßen einen Besuch Gottes. Eine ganz einfache Gnade des Friedens, der Ermutigung, der Zufriedenheit des Herzens wird uns zuteil. Es wäre schade, sich das entgehen zu lassen.

Ein weiterer Rat: Nie dürfen wir vom Gebet unzufrieden weggehen. Selbst wenn es schwierig war, selbst wenn ich das Gefühl habe, nichts Gutes getan zu haben, weil ich nichts spürte, ständig zerstreut war, einschlief usw., müssen wir zufrieden weggehen. Ich habe einen Augenblick mit Gott verbracht, das genügt. Meinerseits habe ich zwar nichts getan, aber er hat sicherlich etwas in mir getan, und in einem Akt der Demut und des Glaubens danke ich ihm dafür. Ganz gleich, wie mein Gebet auch sein mochte, das letzte Wort muss immer eine *Danksagung* sein. Nach und nach werde ich sehen, dass ich richtig handle.

Es ist auch nicht schlecht, am Ende des Gebetes, vor der Danksagung, einige Vorsätze zu fassen. Während der Gebetszeit kann mich dieser oder jener Schriftvers ergreifen, diese oder jene Wahrheit sich mir aufdrängen, dieser oder jener Anruf spürbar werden. Dann sollte ich den

Vorsatz fassen, im Sinne des Erkannten zu leben und mich Gott anzuvertrauen, damit er mir hilft, der Einladung meines Herzens zu folgen. Seien wir nicht entmutigt, wenn wir nachher diesem Vorsatz nicht ganz treu sind. Gott sieht unser Verlangen und das ist das Wichtigste. Es geht nicht so sehr darum, mit entschlossener Kraft an den guten Vorsätzen festzuhalten, als vielmehr darum, ein Verlangen, einen Durst zu äußern, den Gott selbst zu gegebener Zeit stillen wird.

Ich möchte diesen Punkt mit einigen Worten von Therese von Lisieux abschließen. Oft begegneten ihr im Gebet Probleme wie Trockenheit oder Schläfrigkeit, insbesondere während der Danksagung nach der Eucharistie, obgleich sie ihr Bestes versuchte und Maria um Hilfe anflehte, um Jesus in ihrer Seele würdig zu empfangen. Hier ihre Reaktion:

> «All das hält jedoch Zerstreuungen und Schläfrigkeit nicht von mir fern; aber am Schluß der Danksagung, wenn ich sehe, wie schlecht ich sie gemacht habe, fasse ich den Vorsatz, den ganzen Tag über in Danksagung zu bleiben... Sie sehen, geliebte Mutter, ich bin weit davon entfernt, den Weg der Furcht geführt zu werden; ich finde stets ein Mittel, glücklich zu sein und aus meinem Elend Vorteil zu ziehen... offenbar mißfällt dies Jesus nicht, denn Er ermutigt mich anscheinend auf diesem Weg.»[62]

---

62. Therese vom Kinde Jesus, Selbstbiographische Schriften, Johannes Verlag Einsiedeln, Zwölfte Auflage 1991, S. 176.

4. Die eigentliche Zeit des inneren Gebetes

Wir wollen nun von der Zeit zwischen der Vergegenwärtigung Gottes und dem Schluss sprechen. Wie können wir diese Zeit am besten ausfüllen?

Das kann ganz unterschiedlich sein, je nach den Menschen, den Lebensphasen, den Anrufen des Heiligen Geistes.

Das Wichtigste ist, sich hineinzustürzen und auszuharren. Wenn wir dies mit gutem Willen und in Treue tun, wird Gott uns führen. Vertrauen wir ihm vollkommen.

Dennoch erlaube ich mir einige Ratschläge, die man nach eigenem Ermessen befolgen kann. Ich kann nur allgemeine Hinweise geben. Es liegt dann an jedem selbst, allmählich seine eigene Gebetsweise zu finden. Bei dem nun Folgenden kann der Leser das für ihn Hilfreiche übernehmen und das Übrige ruhig beiseite lassen.

Ich unterbreite zwei Vorschläge, einen auf der menschlichen Ebene, den anderen auf der geistlichen Ebene.

Auf der menschlichen und psychischen Ebene muss man die innere Sammlung fördern. Was ist innere Sammlung? Sie ist gewissermaßen eine Mischung aus zweierlei: zum einen ein Zustand der Entspannung und der Empfänglichkeit, zum anderen ein Zustand der Aufmerksamkeit gegenüber einer Wirklichkeit, der ich mich ganz zuwende.

Um im Gebet gesammelt zu sein, muss man also einerseits entspannt, gelöst sein und andererseits auf die göttliche Gegenwart achten in einer der Modalitäten, die ich weiter oben beschrieben habe. Ich befinde mich zum Beispiel in einer Kirche, ich bin ruhig und friedlich und die Aufmerksamkeit meines Herzens ist ganz auf das ausgesetzte Allerheiligste gerichtet. Oder ich sitze in einer Ecke meines Zimmers, lese ruhig und friedlich eine Bibelstelle, öffne mich ganz für das, was mir dieser Text sagen will, und bewahre ihn im Gedächtnis.

Abgesehen von einer besonderen Gnade ist eine völlige innere Sammlung im Allgemeinen nicht möglich. Aber wir müssen sie anstreben, insofern sie von uns abhängt. Es gibt eine aktive innere Sammlung. Ich tue mein Möglichstes, um entspannt zu sein: körperlich (entspannt, ohne Anspannung und ohne Verkrampfung des Körpers), seelisch (Sorgen und Unruhe beiseite lassen) und geistlich (sich Gott hingeben), und mich auf die göttliche Gegenwart zu konzentrieren: im Wort, über das ich nachsinne, in der Eucharistie, die ich anbete, in meinem eigenen Herzen, in das ich hinabsteige, und so weiter, wie wir weiter oben gesehen haben, je nach der Ausrichtung meines Gebetes.

Was bei diesem Streben nach aktiver innerer Sammlung die körperliche und seelische Entspannung begünstigt, ist nicht ohne Bedeutung. Allerdings dürfen wir uns nicht so darauf konzentrieren, dass wir die Gebetszeit in eine seelisch-körperliche Übung umgestalten. Das wäre ein schwerer Irrtum. Doch sind wir fleischgewordene Seiende und das Körperliche hat Einfluss auf das Geistliche. Eine körperlich entspannte Haltung, eine bewusste, sanfte Atmung, die Art und Weise, wie wir uns in den gegenwärtigen Augenblick hineinbegeben und unseren Körper bewohnen, all das kann das Gebet erleichtern. Entscheidend ist, einen Zustand der Empfänglichkeit anzustreben.

Die Gnade einer inneren Sammlung, die ich «passiv» nenne, können wir stufenweise erhalten. Denn sie ist nicht das alleinige Ergebnis dessen, was wir unsererseits leisten, sondern sie ist eine Gabe Gottes, eine übernatürliche Gnade – ein Zustand tiefen Friedens, der Hingabe und starker Aufmerksamkeit gegenüber dem, was Gott uns von sich wahrnehmen lässt. Sie kann auf uns eine Wirkung von unterschiedlicher Tiefe haben. Wir können von der Gnade leicht berührt bis völlig «ergriffen» werden, weil die Aufmerksamkeit gegenüber Gott, von der hier die Rede ist, nämlich mehr ein Akt des Willens, des Herzens und der Liebe ist als ein Akt des Verstandes. Wie es in einer von mir weiter oben zitierten Textstelle heißt, ist es für das liebende Herz leichter, sich auf Gott zu konzentrieren, als für den Verstand, der beweglicher ist und dem es viel schwerer fällt, auf etwas gerichtet zu sein, da er fast immer zu Zerstreuungen neigt. Eine gewisse Aufmerksamkeit des Verstandes ist natürlich notwendig, um die Liebe zu wecken und zu nähren. Aber abgesehen von einer besonderen Gnade ist es im Allgemeinen nicht möglich, ihn vollständig in einem Zustand der Aufmerksamkeit gegenüber Gott zu halten. Es wäre sogar gefährlich, das erzwingen zu wollen, denn dies hätte seelische Anspannung und Erschöpfung zur Folge.

Wie ich weiter oben näher ausgeführt habe, müssen wir uns immer daran erinnern, dass auf geistlicher Ebene das Wesentliche nicht diese oder jene Methode, diese oder jene Technik ist, sondern die inneren Dispositionen des Herzens: der Glaube, das Vertrauen, die Demut, das Annehmen seiner Schwächen, das Verlangen zu lieben …, die vielfachen Abwandlungen des Glaubens, der Hoffnung und der Liebe. Zweck jeder Gebetstechnik ist, diese grundlegenden

Haltungen zu nähren, aufrechtzuerhalten und auszudrücken. Angenommen, man hat manchmal die Gnade (denn es ist eine, dies übersteigt bereits die menschlichen Fähigkeiten), dass man ruhig und still vor Gott ist, ohne besondere Gedanken, ohne ein spezielles Gefühl, aber in einer tiefen und einfachen Haltung, das Herz auf Gott gerichtet in einem einzigen Akt, der Glaube, Hoffung und Liebe vereinigt, das würde genügen. Nichts anderes sollen wir suchen. Das genügt für eine wirkliche Kommunikation mit Gott und die Früchte werden über kurz oder lang zum Vorschein kommen.

Ein Wörtchen zu den körperlichen Haltungen. Beten ist keine körperliche Bußübung. Allzu unbequeme Stellungen, in denen sich der Körper ständig in Erinnerung ruft, sind keineswegs wünschenswert, sondern Stellungen, in denen man mit einer gewissen Stabilität verweilen kann und die die innere Sammlung begünstigen, von der ich weiter oben sprach. Allerdings kann es beim Beten Augenblicke geben – um die Aufmerksamkeit zu wecken, ein liebevolles Verlangen auszudrücken, eine Anrufung zu formulieren oder andere innere Dispositionen zu äußern –, in denen wir das Bedürfnis verspüren, die innere Haltung durch eine bestimmte Stellung oder besondere Gesten zu verstärken: durch Knien, eine Verneigung, Falten, Öffnen oder Erheben der Hände, Küssen der Bibel usw. Es ist wohltuend, dies diskret und weise einzusetzen. Wenn der Geist sich durch den Körper äußert, wird er stärker. Es gibt eine «Körpersprache», die ihren Platz im liturgischen, aber auch im persönlichen Gebet hat.[63] Wir müssen sie in der

---

63. Siehe zum Beispiel den sehr schönen mittelalterlichen Text über die neun Gebetsweisen des heiligen Dominikus.

westlichen Welt wiederentdecken, in der das Gebet allzu oft zu einer rein geistigen Übung gemacht wird, ohne Einbeziehung des Körpers. Eine richtige Körperhaltung führt zu einer richtigen Haltung des Herzens.

In der dem Christentum eigenen Ordnung bedeutet geistlich zu sein nicht, seinem Körper zu entfliehen, sondern im Gegenteil voll und ganz in ihm zu wohnen. Der Körper stellt die Beziehung zwischen uns und dem uns umgebenden Realen her. Er ist unser erstes Kommunikationsmittel. Das Wohnen im Körper zwingt uns zu einem gesunden Realismus, der für das geistliche Leben wesentlich ist. Nur so können wir im Hier und Jetzt leben. Der Körper ist armselig, schwerfällig und begrenzt, hat aber den großen Vorteil, in die Wirklichkeit, ins Hier und Jetzt gestellt zu sein. Er «beschwert» sozusagen den Geist und zwingt ihn, im Hier und Heute zu leben. Es gibt im menschlichen Körper eine einfache Weisheit, der sich der Geist unterwerfen muss. Man kann Gott im Gebet nur begegnen, wenn man im Hier und Jetzt ist. Dafür ist das Wohnen im Körper sehr hilfreich. Beim Beten muss man in seinem Herzen wohnen und um in seinem Herzen zu wohnen, muss man in seinem Körper wohnen.

5. Wenn sich die Frage «Was ist zu tun?» nicht stellt

Bei der Behandlung der Frage: «Was soll man während der Gebetszeit tun?», möchte ich zuerst den Weg ebnen, indem ich die Umstände darstelle, bei denen sich diese Frage nicht stellt.

Je größer unsere Liebe zu Gott wird, umso weniger stellt sich die Frage «Was ist zu tun?». Wenn sich zwei Personen mit einer starken Liebe lieben, haben sie im Allgemeinen nicht allzu viele Probleme, womit sie die gemeinsame Zeit ausfüllen sollen. Die Liebe löst viele Probleme! Wir müssen also ständig um eine größere Liebe bitten: «*Sollte Gott seinen Auserwählten, die Tag und Nacht zu ihm schreien, nicht zu ihrem Recht verhelfen*» (Lk 18,7), mit anderen Worten, um ein neues Herz. Selig, wer mit der Braut in der 19. Strophe des *Geistlichen Gesangs* von Johannes vom Kreuz sagen kann: «mein einziges Geschäft [beim Beten] fortan ist Lieben». Diese Liebe ist wertvoller und der Kirche nützlicher als alle Werke der Welt, fügt er hinzu.

Es gibt Augenblicke, in denen aus verschiedenen Gründen sich das Beten von selbst versteht, weil wir mit Inbrunst beten (das ist oft der Fall nach einer starken Bekehrungsgnade oder der Ausgießung des Geistes), das Beten uns Freude bereitet, wir dem Herrn tausend Dinge zu sagen haben usw., manchmal auch, weil wir in einem Zustand äußerster Not sind, sodass unser ganzes Leben zu einer unaufhörlichen, inständigen Bitte wird! Im Grunde ist auch das Gnade!

Auch bei einem anderen Umstand müssen wir uns die Frage «Was ist zu tun?» nicht stellen; das ist jener Umstand, bei dem uns Gott in eine gewisse Gnade des *beschaulichen Gebetes* hineinführt. Dazu müssen wir einige Worte sagen, denn manchmal ist diese Gnade anfangs kaum wahrnehmbar und man könnte Bedenken haben, in einer mehr passiven als aktiven Haltung zu verweilen. Dennoch ist diese Haltung genau jene, die Gott von uns wünscht und die uns wirklich und am tiefsten mit ihm vereinigt.[64]

---

64. Diese Frage wird vom heiligen Johannes vom Kreuz eingehend behandelt, wenn er von dem Übergang von der *Betrachtung zur Beschauung* spricht. Siehe zum Beispiel *Aufstieg zum Berge Karmel*, II. Teil, 12. und 13. Kapitel.

Es ist keineswegs leicht, das mit Worten zu beschreiben, aber man könnte Folgendes dazu sagen: Ich befinde mich in einem Zustand der Armut, ziemlich großer Trockenheit und habe keine starken geistlichen Empfindungen, kein besonderes Licht für meinen Verstand. Jedoch spüre ich eine gewisse Neigung, still und ruhig vor Gott zu verweilen, ohne etwas Besonderes zu tun, und eine gewisse Zufriedenheit in seiner Gegenwart. Der Verstand und die Einbildungskraft schweifen ein bisschen umher, wie es ihre Gewohnheit ist, sie sind alles andere als konzentriert. Was aber mein Herz anbelangt, so fühle ich, dass es sich in liebevoller Aufmerksamkeit Gott zuwendet, allerdings in ziemlich allgemeiner Weise, ohne auf einen besonderen Punkt (eine Wahrheit, einen Aspekt des christlichen Mysteriums) konzentriert zu sein. Es handelt sich um eine allgemeine, liebevolle Aufmerksamkeit gegenüber Gott jenseits genauer Vorstellungen, Bilder oder diskursiver Überlegungen.

Wenn ich mich in diesem Zustand befinde, muss ich darin verweilen. Meine einzige Aktivität wird vielleicht sein, ihn sanft und ruhig aufrechtzuerhalten, ab und zu mit einem kleinen Akt, um das Herz neu auf Gott auszurichten, oder einer kurzen Erwägung, um den Glauben, die Hoffnung oder die Liebe neu zu beleben, oder indem ich Gott mit einfachen Worten kundtue, was mein Herz beseelt – gleichsam wie ein Vogel, der abwechselnd fliegt und schwebt. Meine Aktivität kann aber auch nur darin bestehen, den besonderen Bewegungen des Heiligen Geistes zu folgen, die bei diesem empfänglichen Gebet eventuell auftreten.

Es gibt im Gebet Zeiten, in denen wir aktiv sein und dieses nähren müssen, sonst wären wir in einer gewissen geistlichen Trägheit, aber auch Zeiten, die zu erkennen wir imstande sein müssen, in denen der Heilige Geist uns einlädt, jede Aktivität zu unterlassen und passiver in seiner Salbung zu verweilen, in einer einfachen Haltung innerer Bereitschaft, in «einer sanft atmenden Liebe», wie Johannes vom Kreuz sich ausdrückt. Diese Haltung scheint mir im Psalm 131 gut beschrieben:

> *«Herr, mein Herz ist nicht stolz, nicht hochmütig blicken meine Augen.*
> *Ich gehe nicht um mit Dingen, die mir zu wunderbar und zu hoch sind.*
> *Ich ließ meine Seele ruhig werden und still; wie ein kleines Kind bei der Mutter ist meine Seele still in mir.*
> *Israel, harre auf den Herrn von nun an bis in Ewigkeit!»*

Dieses beschauliche Gebet ist eine Gnade, eine besondere Gabe. Es ist mehr als das Ergebnis unserer menschlichen Anstrengungen, uns innerlich zu sammeln und das Gebet zu nähren. Meines Erachtens wird es zahlreichen Menschen geschenkt.

6. Wann wir im Gebet aktiv sein müssen

Wenn wir uns nicht in einer der soeben beschriebenen Situationen befinden, in denen das Gebet ganz von selbst vor sich geht, entweder in Form eines spontanen Dialogs oder weil wir mit einer Gnade der beschaulichen Sammlung beschenkt werden, dann müssen wir aktiver sein, um geistliche Trägheit und Zeitverschwendung beim inneren Gebet zu vermeiden.

Ich will nicht alle angebotenen Möglichkeiten erforschen, mit denen die Gebetszeit ausgefüllt werden kann. Bei den geistlichen Autoren findet man viele unterschiedliche Optionen. Ich werde mich auf die beiden Wege beschränken, die uns die Tradition der Kirche anbietet und die mir in der Praxis am ratsamsten erscheinen.

Wir können beide Wege beschreiten, je nach unserer Neigung und den Umständen oder Momenten, zu denen sie besser passen. Es handelt sich um die *Schriftbetrachtung* und die verschiedenen Formen des *sich wiederholenden Gebetes*.

7. Die Schriftbetrachtung

Wir stoßen hier auf die sehr alte Tradition der *lectio divina*, das heißt die Schrift lesen mit dem Ziel, Gott zu begegnen und uns für das zu öffnen, was er uns heute durch sie sagen will. Die *lectio divina* kann verschiedene Ausrichtungen und Formen haben. Hier will ich von ihr als einer Gebetsmethode sprechen.[65]

Die Zeit

Die beste Zeit für die Schriftbetrachtung ist morgens. Unser Geist ist frischer und aufnahmebereiter, im Allgemeinen weniger mit Sorgen belastet als am Ende des Tages. Sagt nicht der Psalm 90: «*Sättige uns am Morgen mit deiner Huld! Dann wollen wir jubeln und uns freuen all unsre Tage.*»? Im Buch Jesaja heißt es auch: «*Jeden Morgen weckt er mein Ohr, damit ich auf ihn höre wie ein Jünger*» (Jes 50,4).

---

65. An dieser Stelle übernehme ich großenteils die Seiten aus meinem Buch *Berufen zum Leben*, die ich zu diesem Thema geschrieben habe.

Außerdem zeigen wir durch die *lectio divina* am Morgen, dass das Hören auf Gott das Vordringlichste in unserem Leben ist. Zudem versetzt uns diese Übung schon am Morgen in eine innere Haltung des Hörens, sodass wir während des Tages leichter in jener Haltung der inneren Bereitschaft bleiben und die Anrufe Gottes besser wahrnehmen können.

Freilich ist dieser Rat kein absolutes Muss. Es ist klar, dass viele Menschen keine Möglichkeit haben, sich morgens diese Zeit zu nehmen, und die Schrift nur zu anderen Tageszeiten betrachten können. Das wird Gott nicht daran hindern, zu ihnen zu sprechen, wenn sie nach ihm dürsten.

Welchen Text soll man betrachten?

Es gibt verschiedene Möglichkeiten. Man kann Tag für Tag einen fortlaufenden Text betrachten (ein Evangelium, einen Paulusbrief oder einen anderen Text aus der Bibel). Ich kenne einen verheirateten Laien, einen Familienvater, der jeden Morgen in seiner Gebetszeit aus dem Wort Gottes schöpft. Er verweilte zwei oder drei Jahre beim Johannesevangelium.

Dennoch rate ich denen, die in diesem Bereich Neulinge sind, bei ihrer *lectio* lieber die Texte zu verwenden, die die Kirche für die tägliche Messe vorsieht. Das hat den Vorteil, uns mit dem Leben der Weltkirche und den liturgischen Zeiten in Einklang zu bringen und uns auf die Eucharistie vorzubereiten, wenn wir daran teilnehmen sollten. Zudem haben wir drei gut ausgewählte, unterschiedliche Texte (erste Lesung, Psalm, Evangelium) und die Gefahr ist geringer, auf zu trockene oder schwer auszulegende Texte zu stoßen. Es ist recht selten, dass uns von den drei Texten nicht wenigstens eine Textstelle anspricht. Wenn wir uns bei der Schriftbetrachtung gleich mehreren Texten zuwenden, haben wir auch oft die Gelegenheit, die tiefe Einheit der Schrift zu erkennen. Eine große Freude ist es, beim Bibellesen die Erfahrung zu machen, wie sehr Texte, deren Stil, Entstehungszeit, Inhalt usw. ganz unterschiedlich sind, beim Gegenüberstellen eine neue Harmonie entfalten und sich gegenseitig erschließen können. Wenn die Weisen der rabbinischen Tradition die Texte der Schrift auslegen, zeigen sie gern deren Bedeutungsreichtum auf, indem sie «Perlenketten binden»: die Perlen werden aus Versen gebildet, die den verschiedenen Teilen der Schrift, dem *Gesetz*, den *Propheten* und den *Schriften* (den anderen Büchern, den Psalmen und den Weisheitsbüchern), entnommen sind. Genau das wird Jesus selbst nach der Auferstehung für die Jünger praktizieren, wie es im Lukasevangelium gezeigt wird (Lk 24,27 und 24,44). Die Tradition, verschiedene Texte einander gegenüberzustellen, damit sie sich gegenseitig erschließen, ist natürlich auch von allen Kirchenvätern und Exegeten bis heute fortgeführt worden.

Wie sollen wir konkret vorgehen?

Wie wir bereits betont haben, hängt die Fruchtbarkeit der *lectio divina* von den inneren Haltungen ab und nicht von der Wirksamkeit einer Methode. Es ist also wichtig, sich nicht sofort auf den Text zu stürzen, sondern mit einer ausreichend langen Vorbereitungszeit zu beginnen, um sich in die wünschenswerten Dispositionen zu Gebet, Glauben und Verlangen zu bringen. Wir könnten folgendermaßen vorgehen:

Wir sammeln uns zuerst innerlich und begeben uns in Gottes Gegenwart wie beim inneren Gebet. Die Kümmernisse und Sorgen lassen wir außen vor. Das einzig Notwendige ist, uns wie Maria von Betanien dem Herrn zu Füßen zu setzen und seinem Wort zuzuhören.[66] Dazu müssen wir im Hier und Jetzt sein. Das fällt uns manchmal sehr schwer. Wenn es nötig ist, kann es sinnvoll sein, dafür körperliche und sinnliche Mittel einzusetzen. Manchmal tut es gut, mit einer körperlichen Vorbereitung vor dem Lesen zu beginnen. Wir schließen die Augen, spüren unseren Körper, entspannen uns körperlich (die Schultern, verspannte Muskeln …), atmen bewusst, sanft, aber tief. Wir spüren den Kontakt des Körpers mit unserer materiellen Umgebung: den Kontakt der Füße mit dem Boden, des Körpers mit dem Stuhl, der Arme mit dem Tisch, der Hände mit der Bibel oder dem Messbuch, das wir für die Schriftbetrachtung verwenden werden. Der erste Kontakt mit dem Wort soll ein körperlicher Kontakt sein. Berühren ist bereits Hören. Sagt nicht der heilige Johannes:

«… was unsere Hände angefasst haben, das verkünden wir: das Wort des Lebens» (1 Joh 1,1)?

Wenn wir merken, dass wir ganz entspannt sind, unseren Körper spüren und im Hier und Jetzt angekommen sind, dann wenden wir unser Herz Gott zu und danken ihm im Voraus für diesen Augenblick, den er uns gewährt und in dem er uns in seinem Wort begegnen wird. Wir bitten ihn um das Licht, sein Wort zu verstehen, um *«das Verständnis der Schrift»* (Lk 24,45), wie er es seinen Jüngern gab, und vor allem darum, dass dieses Wort uns wirklich zutiefst trifft,

---

66. Vgl. das Evangelium von Marta und Maria: Lk 10,38-42.

unser Herz bekehrt, unsere Kompromisse mit der Sünde aufdeckt und uns da erleuchtet und verwandelt, wo es heute notwendig ist, damit wir mit dem göttlichen Plan für unser Leben mehr im Einklang sind. In diesem Sinne spornen wir unser Verlangen und unseren Willen an.

Wenn wir richtig vorbereitet sind – zögern wir nicht, uns genügend Zeit dafür zu nehmen, denn das ist wesentlich –, öffnen wir die Augen und beginnen mit dem Lesen des Textes, den wir für die Schriftbetrachtung gewählt haben. Wir lesen langsam, konzentrieren unseren Verstand und unser Herz auf das, was wir lesen, und sinnen darüber nach. Beachten wir aber dabei, dass «betrachten» in der biblischen Tradition (siehe Psalm 1: *«Wohl dem Mann, der ... Freude hat an der Weisung des Herrn, über seine Weisung nachsinnt bei Tag und bei Nacht»*) nicht so sehr nachdenken bedeutet als vielmehr murmeln, wiederholen, nachsinnen. Am Anfang ist das eine mehr körperliche als geistige Tätigkeit. Scheuen wir uns nicht, einen Vers, der unsere Aufmerksamkeit erregt, viele Male zu wiederholen. Denn oft wird sich sein tiefer Sinn – das, was Gott uns heute durch diesen Vers sagen will – erst durch vieles Nachsinnen herauskristallisieren. Der reflektierende Verstand spielt dabei natürlich auch eine Rolle. Wir können uns Fragen zum Text stellen: Was sagt er mir über Gott? Was sagt er mir über mich selbst? Welche gute Nachricht enthält er? Welche Aufforderung kann ich darin für mein konkretes Leben entdecken? Wenn ein Vers dunkel scheint, können wir uns der Fußnoten oder einer Erklärung bedienen. Vermeiden wir aber, die Zeit der Schriftbetrachtung zu sehr in eine Zeit der geistigen Arbeit zu verwandeln. Zögern wir nicht, lange bei einem Vers zu verweilen, der bei uns einen besonderen Eindruck hinterlässt, und darüber mit Gott ins Gespräch zu kommen. Das Lesen soll Gebet werden: danken wir für einen Vers, der uns ermutigt, erflehen wir Gottes Hilfe bei einer Textstelle, die uns zu einer, wie uns scheint, schwierigen Umkehr auffordert, usw. Wenn uns in gewissen Augenblicken die Gnade geschenkt wird, hören wir mit dem Lesen auf und verweilen in einem mehr beschaulichen Gebet, das sich darauf beschränkt, einfach die Schönheit dessen zu bewundern, was Gott uns durch den Text entdecken lässt. Zum Beispiel kann mich ein Vers zutiefst die Milde Gottes, seine Majestät, seine Treue oder seine Herrlichkeit in Christus empfinden lassen und mich ganz einfach einladen, sie zu beschauen und dafür Dank zu sagen. Das letzte Ziel der Schriftbetrachtung besteht nicht darin, lange Texte zu lesen, sondern uns so weit wie möglich in jene Haltung des beschaulichen Staunens zu führen, die unseren Glauben, unsere Hoffnung und unsere Liebe aufs tiefste nährt. Diese Gnade wird nicht immer geschenkt, aber wenn dies der Fall sein sollte, unterbrechen wir das Lesen und begnügen uns damit, einfach liebevoll vor dem Geheimnis zu sein, das uns im Text enthüllt wird.

In dem soeben Gesagten können wir die vier Phasen der *lectio divina* nach der mittelalterlichen Tradition wiederfinden: *Lectio* (Lesen), *Meditatio* (Betrachten), *Oratio* (Beten), *Contemplatio* (Beschauen). Es handelt sich hierbei weniger um aufeinander folgende Phasen, die unbedingt in dieser Reihenfolge durchlaufen werden müssen, sondern vielmehr um besondere Modalitäten, die wir üben können – zumal die ersten drei Phasen von unserer Aktivität abhängen. Die vierte Phase liegt jedoch nicht in unserer Macht. Sie ist ein Gnadengeschenk, das wir ersehnen und annehmen müssen, aber nicht immer gewährt wird. Außerdem kann es, ich sagte es bereits, wie bei jedem Gebet Zeiten der Trockenheit und Dürre geben. Nie dürfen wir den Mut verlieren. Wer sucht, wird schließlich auch finden.

Während der Betrachtung ist es auch gut, einige Worte, die uns besonders ergreifen, in ein zu diesem Zweck verwendetes Heft zu schreiben. Durch das Aufschreiben dringt das Wort tiefer in unser Herz und in unser Gedächtnis ein.

Am Ende der Schriftbetrachtung danken wir dem Herrn für diese mit ihm verbrachte Zeit, bitten ihn um die Gnade, wie die Jungfrau Maria das Wort Gottes in unserem Herzen bewahren zu können, und entschließen uns, die Eingebung umzusetzen, die wir in dieser Zeit der Betrachtung im Besonderen erhalten haben.

Schließen möchte ich mit einer schönen Textstelle von dem koptischen Mönch Matta El Maskîne:

«Die Betrachtung ist nicht nur ein in die Tiefe gehendes, gesprochenes Lesen, sie umfasst auch ein oftmaliges stilles Wiederholen des Wortes Gottes. Dadurch wird das Wort immer mehr verinnerlicht, bis das Herz vom göttlichen Feuer entflammt ist. Im Psalm 39 wird das gut veranschaulicht: *«Heiß wurde mir das Herz in der Brust, bei meinem Grübeln entbrannte ein Feuer»*. Hier erscheint der dünne, verborgene Faden, der die Übung und die Anstrengung mit der Gnade und dem göttlichen Feuer verbindet. Allein das mehrmalige langsame und ruhige Nachsinnen über das Wort Gottes führt mit der Barmherzigkeit Gottes und seiner Gnade zum Entflammen des Herzens! So wird die Betrachtung zum ersten, normalen Bindeglied zwischen der aufrichtigen Bemühung im Gebet und den Gaben Gottes und seiner unaussprechlichen Gnade. Aus diesem

Grund ist die Betrachtung als erste und wichtigste Stufe des Herzensgebetes angesehen worden, durch die sich der Mensch zur Inbrunst des Geistes erheben und sein ganzes Leben darin leben kann.»[67]

Eine letzte Bemerkung zu diesem Thema: Anstelle der Schrift ist es möglich, für die Betrachtung manchmal ein geistliches Werk oder eine Schrift eines Heiligen als Gebetsgrundlage zu nehmen, das bzw. die uns gerade besonders ergreift. Das ist völlig legitim. Verzichten wir aber nicht auf den direkten Kontakt mit der Heiligen Schrift. Sie ist manchmal schwieriger, aber es liegt eine Salbung auf ihr und sie erschließt uns viel reichere Schätze als jedes menschliche Werk.

8. Zum immer währenden Gebet

Wir wollen nun von einem Weg sprechen, der zum beschaulichen Gebet führt, sich aber von der Schriftbetrachtung unterscheidet (er ist nicht als Gegensatz, sondern als Ergänzung zu sehen): den verschiedenen Traditionen des sich wiederholenden Gebetes, wie das *Jesusgebet* (oder *Herzensgebet*) und der *Rosenkranz*. Sie haben den Vorteil, dass sie einfach sind und in den Zeiten des inneren Gebetes verwendet werden können, aber auch außerhalb, sodass das Gebet allmählich unser ganzes Leben zu erfüllen vermag. Diesen Punkt habe ich schon weiter oben erwähnt, möchte aber nun darauf zurückkommen.

---

67. Matta El Maskîne, *L'expérience de Dieu dans la vie de prière*, Editions du Cerf, S. 48.

Schon immer waren die Gläubigen auf der Suche nach dem immer währenden Gebet. Bereits im Alten Testament findet man dieses Streben: «*Wohl dem Mann, der ... Freude hat an der Weisung des Herrn, über seine Weisung nachsinnt bei Tag und bei Nacht*» (Ps 1,2). «*Wie lieb ist mir deine Weisung; ich sinne über sie nach den ganzen Tag*» (Ps 119,97). Es äußert sich noch mehr in der christlichen Welt, in der viele auf den Ruf des Herrn: «*Betet ohne Unterlass!*», antworten wollten. Der Christ darf sich nicht mit regelmäßigen Gebetszeiten begnügen. Er muss danach streben, ständig zu beten, immer in einem Zustand der Vereinigung mit Gott, in einem Zustand der Liebe und der Anbetung zu sein, denn dort findet er sein wahres Leben. Gott hört nicht auf, uns zu lieben und an uns zu denken. So ist es nur angemessen, wenn auch wir es ihm gegenüber genauso machen und dauernd vor ihm leben würden. «*Geh deinen Weg vor mir*», verlangte er von unserem Vater Abraham (Gen 17,1).

Es ist gut, so oft wie möglich an Gott zu denken, ihn zu lieben und ihn unaufhörlich in unserem Herzen anzubeten. «Ich glaube wohl, dass ich nie mehr als drei Minuten nicht an den lieben Gott gedacht habe», sagt Therese von Lisieux. Es ist erstrebenswert, selbst inmitten unserer alltäglichen Beschäftigungen die Aufmerksamkeit des Herzens unentwegt auf Gottes Gegenwart zu richten. Leicht ist das nicht, da wir so zerstreut sind! Das ist eine langwierige Arbeit, die einen besonderen Beistand der göttlichen Gnade erfordert. Sicherlich wird uns das nie vollständig gelingen; aber es ist schön, danach zu streben, denn da ist das wahre Glück zu finden.

Hier beschreibt Matta El Maskîne das dafür erforderliche, konvergente Vorgehen:

– Beleben wir das Gefühl neu, in der Gegenwart Gottes zu sein, der alles sieht, was wir tun, und alles hört, was wir sagen.

– Versuchen wir, von Zeit zu Zeit zu ihm in kurzen Sätzen zu sprechen, die unsere momentane Verfassung zum Ausdruck bringen.

– Lassen wir Gott an unseren Arbeiten teilhaben, indem wir ihn bitten, bei unseren Tätigkeiten gegenwärtig zu sein, ihm berichten, wenn wir sie beendet haben, ihm danken bei einem Erfolg, ihm unser Bedauern sagen bei einem Misserfolg und dessen Gründe erforschen. Vielleicht haben wir uns von ihm entfernt oder vergessen, seine Hilfe zu erbitten?

– Versuchen wir, die Stimme Gottes durch unsere Arbeiten wahrzunehmen. Häufig spricht er innerlich zu uns. Da wir ihn aber nicht beachten, kommen wir um ihren tiefen Sinn.

– Erbitten wir in kritischen Augenblicken sofort seinen Rat: wenn wir beunruhigende Nachrichten erhalten oder angegriffen werden. In der Prüfung ist er der treueste Freund und der sicherste Ratgeber.

– Wenden wir uns ihm zu, sobald das Herz oder die Gefühle in Aufregung geraten, um diese unselige Aufregung zu dämpfen, bevor sie unser Herz überwältigt. Neid, Zorn, Richten, Rache, all das würde uns um die Gnade bringen, in seiner Gegenwart zu leben. Denn Gott kann mit dem Bösen nicht zusammenwohnen.

– Versuchen wir, ihn möglichst nicht zu vergessen, und kehren wir sogleich zu ihm zurück, sobald wir unsere Gedanken beim Herumschweifen ertappen.

– Nehmen wir keine Arbeit in Angriff, geben wir keine Antwort, bevor wir nicht von Gott einen Impuls erhalten haben. Dieser wird immer wahrnehmbarer, je treuer wir unseren Weg vor ihm gehen und je entschlossener wir mit ihm leben.[68]

9. Die sich wiederholenden Gebete

Insbesondere in monastischen Kreisen wurden auch als Mittel für das immer währende Gebet kurze Formeln aus der Schrift oder von ihr inspirierte verwendet. Diese wurden in den Gebetszeiten häufig wiederholt, aber auch außerhalb bei anderen Tätigkeiten, um in Gedanken immer bei Gott zu sein. Nach dem Zeugnis des Johannes Cassianus wiederholten einige ägyptische Mönche im IV. Jahrhundert unaufhörlich die Anrufung im Psalm 70,2: «*Gott, komm herbei, um mich zu retten, Herr, eil mir zu Hilfe!*»

Das schöne Buch *Aufrichtige Erzählungen eines russischen Pilgers*[69] machte die westliche Welt mit dem «Jesusgebet» oder «Herzensgebet» bekannt und vertraut. Es erzählt das Leben eines einfachen Bauern in Russland, der, ergriffen von der Ermahnung des Thessalonicherbriefes: «*Betet ohne Unterlass!*», sich fragt, wie er dieses Wort in die Praxis umsetzen kann. Er bereist ganz Russland auf der Suche nach einem Pater, der ihm das zu lehren vermag. Von einem Mönch wird er in jene Gebetstradition eingeführt, die darin besteht, den Satz «Herr Jesus Christus, erbarme dich meiner!» mithilfe einer wollenen Gebetsschnur und im Rhythmus mit der Atmung ständig zu wiederholen und dabei den inneren Blick auf das Herz zu richten. Allmählich erfuhr

---

68. Matta El Maskîne, *L'expérience de Dieu dans la vie de prière*, S. 248.
69. *Aufrichtige Erzählungen eines russischen Pilgers*, Verlag Herder, Freiburg 2014, 18. Auflage.

er dessen wohltuende Wirkung: Frieden und Reinigung des Herzens, Freude über die göttliche Gegenwart, innere Erleuchtung über die Liebe Gottes, Mitgefühl mit allen Geschöpfen, neuer Blick auf die Welt und die Natur ... Diese Tradition, die auf ägyptische monastische Kreise in den ersten Jahrhunderten zurückgeht, hat sich in allen orthodoxen Kirchen und heutzutage auch in der westlichen Welt verbreitet.

Im Westen ist das Rosenkranzgebet mit dem Wiederholen des *Vaterunsers* und des *Gegrüßet seist du Maria* vertrauter.

Heutzutage hat das Wiederholen nicht immer einen guten Ruf. Weil unsere Welt den Sinn für die elementarsten Dinge des Lebens verloren hat, ist sie auf der permanenten Suche nach Neuheiten.

Das Wiederholen kann zwar mechanisch und routinemäßig sein, es kann aber auch das Einschreiben der Liebe in die Zeit bedeuten. Eigentlich ist es mit dem Leben verbunden: Glücklicherweise wird das Herz nie müde, sein Schlagen zu wiederholen, noch die Atmung ihren Rhythmus!

Wie wir bereits erwähnt haben, spielt der Rhythmus eine grundlegende Rolle im menschlichen Leben. Er hat eine beruhigende Wirkung und ermöglicht einer Energie, sich ohne Verschwendung und ohne Erschöpfung auf Dauer zu entfalten. Er ermöglicht einem Verlangen, einer Intention der Seele, sich durch den Körper zu äußern und zugleich im Herzen Wurzeln zu fassen. Durch ihn realisiert sich, verkörpert sich und schreibt sich das Menschsein in die Rhythmen der Natur und des Lebens ein. Er eröffnet uns einen tiefen Sinn, der uns übersteigt, über die Wahrnehmungen des rationalen Verstandes hinausgeht. Er erschließt uns eine Art

Weisheit, Lebensintelligenz, in bewusster Abhängigkeit vom Schöpfer.

Das Gebet soll nicht eine Tätigkeit unter anderen sein, sondern die grundlegende Tätigkeit unseres Lebens, der Rhythmus selbst unseres Innenlebens, sozusagen die Atmung unseres Herzens. Die sich wiederholenden Gebete helfen uns dabei. Sie sind Ausdruck menschlicher Bemühung und beharrlicher Suche in der Hoffnung, dass die göttliche Gnade das gewährt, worum das Verlangen durch das einfache und unermüdliche Wiederholen derselben Worte bettelt.

Pater Timothy Radcliffe äußert sich zum Thema Wiederholung in seinem Buch *Je vous appelle amis* in einer Stelle über den Rosenkranz, in der er ein schönes Zitat des katholischen englischen Schriftstellers Chesterton anführt:

> Wenn wir lieben, wissen wir wohl, dass es nie genügt, ein einziges Mal zu sagen: «Ich liebe dich.» Wir wollen das immer wieder sagen und hoffen dabei, dass der andere es immer wieder zu hören wünscht.

G. K. Chesterton erklärte, dass das Wiederholen ein Kennzeichen der Vitalität der Kinder ist, die keineswegs aus Langeweile oder Phantasielosigkeit, sondern aus Lebensfreude immer wieder die gleichen Geschichten mit denselben Worten hören möchten.

Chesterton schrieb: «Weil die Kinder vor Vitalität übersprudeln, weil sie einen heftigen und freien Geist haben, wollen sie, dass sich die Dinge wiederholen und nicht ändern. Sie verlangen immer "noch einmal!"; und der Erwachsene beginnt wieder von vorne, immer wieder, bis er nicht mehr kann. Denn die Erwachsenen sind nicht stark genug, in der Monotonie zu jubeln. Vielleicht ist

Gott stark genug, in der Monotonie zu jubeln. Vielleicht sagt Gott jeden Morgen zur Sonne: "Geh wieder auf!", und jeden Abend zum Mond: "Geh wieder auf!" Es muss kein Automatismus sein, dass alle Margeriten gleich sind. Vielleicht erschafft Gott jede Margerite einzeln – aber niemals wird er müde, sie so zu machen. Vielleicht hat Gott ein ewiges Verlangen nach Kindlichkeit. Wenn wir gesündigt haben und größer geworden sind, ist unser Vater jugendlicher als wir. Die Wiederholung in der Natur ist vielleicht keine bloße ständige Wiederkehr, sondern wie im Theater ein Dakapo, bei dem der Himmel den Vogel daran erinnert, wieder ein Ei zu legen.»

Es ist also völlig legitim, die Zeit des inneren Gebetes mit diesen sich wiederholenden Gebeten auszufüllen, insbesondere in Zeiten, in denen wir erschöpft sind, in denen wir Schwierigkeiten haben, die geistigen Fähigkeiten zu mobilisieren, oder wenn wir uns vom Heiligen Geist zu einem Gebet angetrieben fühlen, das ärmer ist als die Betrachtung, aber einfacher und mehr auf das Wesentliche reduziert, ohne allzu sehr an die Tätigkeit des diskursiven Verstandes oder der Vorstellungskraft zu appellieren, um die des Herzens zu begünstigen. Dieses Wiederholen soll langsam und ruhig erfolgen, ohne anstrengend zu werden (das wäre kontraproduktiv). Dabei sollen wir auf die Gegenwart Gottes in uns achten und Körper und Geist mit der verwendeten Gebetsformel sanft beschäftigen. Ein rhythmisches Wiederholen kann die innere Sammlung begünstigen. Die Treue zu dieser schlichten, aber aufrichtigen Suche nach Gott, die sich in diesem Gebet ausdrückt, kann uns allmählich die Gnade erlangen, in eine echte Beschauung und liebevolle Vereinigung mit Gott einzutreten.

Diese sich wiederholenden Gebete haben außer ihrer Einfachheit den Vorteil, dass sie allmählich zu einer Art Gewohnheit (im guten Sinn des Wortes) werden können. Dadurch werden sie zu einem wertvollen Mittel, das wir auch zu vielen anderen Tageszeiten einsetzen können, nicht nur in der dem inneren Gebet eigentlich gewidmeten Zeit: im Auto, bei einem Spaziergang, in schlaflosen Nächten, während der Tätigkeiten oder Arbeiten, bei denen der Geist nicht vollständig von der ihn beschäftigenden Aufgabe in Anspruch genommen wird, usw.

Wir fügen noch einige Überlegungen zum Jesusgebet und zum Rosenkranz hinzu.

10. Das Jesusgebet

Die Grundlage des Jesusgebetes bildet eine alte und schöne Spiritualität des Namens Jesu, deren Wurzeln sich in der Schrift finden. Jesus selbst fordert uns auf, in seinem Namen zu bitten: *«Dann wird euch der Vater alles geben, um was ihr ihn in meinem Namen bittet»* (Joh 15,16), und die Apostelgeschichte spricht oft von der Macht des Namens Jesu und versichert: *«es ist uns Menschen kein anderer Name unter dem Himmel gegeben, durch den wir gerettet werden sollen»* (Apg 4,12).

Schon seit den ersten Jahrhunderten der christlichen Ära hat sich beim Beten eine schöne Tradition der Anrufung des Namens Jesu entwickelt, entweder mit Formeln, die der Formel des russischen Pilgers ähnlich sind, oder in vereinfachter Weise, in der nur der Name allein bleibt. Zahlreiche Texte zeugen davon, zum Beispiel jener Text vom heiligen Makarios dem Ägypter, einem Mönch im IV. Jahrhundert:

«Als ich ein Kind war, sah ich die Frauen Betel kauen, um ihren Speichel süß zu machen und ihren üblen Mundgeruch zu beseitigen. So soll es auch bei uns mit dem Namen Unseres Herrn Jesus Christus sein: Wenn wir diesen gesegneten Namen «kauen», indem wir ihn ständig aussprechen, bringt er unserer Seele alle Süßigkeit und offenbart uns die himmlischen Dinge; er ist die Nahrung der Freude, der Brunnen des Heils, die Lieblichkeit des lebendigen Wassers, die Süße aller Süßigkeiten; er vertreibt jeden schlechten Gedanken aus der Seele, der Name dessen, der im Himmel ist, Unser Herr Jesus Christus, der König der Könige, der Herr aller Herren, himmlischer Lohn derer, die ihn mit ganzem Herzen suchen.»[70]

Weitere Informationen zum Üben dieses Gebetes findet man in meinem Buch *Zeit für Gott* und umfassendere und ausgezeichnete Ratschläge in dem in der Fußnote angeführten Buch *La prière de Jésus*.

11. Der Rosenkranz

Der Rosenkranz ist ganz anders als das Jesusgebet, aber man kann auch ihn jener Gruppe der einfachen, sich wiederholenden Gebete zuordnen, die bei einem bereiten Herzen zu einer tiefen Gemeinschaft mit Gott und zum beschaulichen Gebet führen können.

Außer der schlichten Bitte *«bitte für uns Sünder»* enthält das *Ave Maria* eine Dimension des Lobes und des Dankes. Der Rosenkranz ist auch eine Art und Weise, an der Hand

---

70. Zitiert von Ivan Gobry, *De saint Antoine à saint Basile*, Fayard, S. 258.

Mariens alle Reichtümer der Geheimnisse Christi zu betrachten (auch wenn man dabei nicht unbedingt seinen diskursiven Verstand braucht).

Er beinhaltet auch die besondere Gnade der Anrufung Mariens, welche uns in ihr eigenes Gebet, in ihre eigene innere Sammlung, in ihr Schweigen, in ihr inneres Hören und in ihre eigene Gemeinschaft mit Gott hineinführt. An einer Stelle über das einfache Gebet drückt sich Pater Jean-Claude Sagne so aus:

> «Das gesprochene Gebet wird allmählich zu einer Schule des Schweigens durch das Eintauchen in das Schweigen Mariens selbst. Das ist das Kennzeichen des mütterlichen Einflusses Mariens auf das Leben der Gläubigen: Wer sie bittet, den zieht sie in ihr Schweigen hinein, um das Wort Gottes zu hören ... Das Rosenkranzgebet ist also die innere Vorbereitung auf das vom Heiligen Geist begleitete Betreten des geistlichen Ortes, der das Herz Mariens ist – ein Zelt der Begegnung, ein Raum, in dem das Wort Gottes vollständig vernommen und gehört, geglaubt und befolgt wird.»[71]

Das Rosenkranzgebet ist wie das Jesusgebet ein Gebet, das den Körper in einfacher, aber tiefer Weise einbezieht (rhythmische Wiederholung der Worte, Abbeten der Rosenkranzperlen mit der Hand, entspannte Körperstellung und Atmung). Es schließt auch die wesentlichen Haltungen des Herzens und des Willens mit ein. In der Einfachheit der verwendeten Formel bietet es dem Verstand eine «minimale», sehr arme Nahrung. So erinnert es den Verstand

---

71. Jean-Claude Sagne, *Viens vers le Père*, Editions de l'Emmanuel, S. 138.

an seine Grenzen und an seine wesentliche Rolle, aufnahmefähig zu sein, wie dies der folgende Text zum Ausdruck bringt:

«Die Wiederholung ist hier das Mittel, die Aufmerksamkeit des Verstandes sanft zu binden, sodass das Herz frei ist, das Wort Gottes zu hören und zu bewahren. Dadurch, dass der Verstand mit der Wiederholung der sparsamen Handbewegungen und kurzen Formeln beschäftigt ist, kann der Betende ruhig und vertrauensvoll seine tiefe Aufmerksamkeit auf das schweigsame innere Hören richten. Das einfache Gebet enthält eine diskrete und tiefe Unterweisung über das, was der menschliche Verstand ist. Es erinnert implizite daran, dass der menschliche Verstand vor allem unbegrenzt aufnahmefähig ist. An sich aber enthält er überhaupt nichts, solange keine Worte bzw. Bilder in ihm sind, die er außerhalb seiner selbst erhält, das heißt von der Welt und den anderen. Es ist hier offensichtlich, dass das Hören Vorrang vor dem Reden hat, das Empfangen Vorrang vor dem Tun, das Sich-Öffnen für eine Gabe Vorrang vor der Verrichtung einer Arbeit. Dieser passive und abhängige Teil des menschlichen Verstandes wird durch die Stellung des Körpers im einfachen Gebet nicht nur bezeugt, sondern verwirklicht. Was hier gelehrt und geübt wird, ist die grundlegende geistliche Haltung im christlichen Gebet: die Demut des Herzens in der Erwartung der Gabe Gottes. Der minimale Einsatz des Körpers beim einfachen Gebet, welches für den schöpferischen Verstand wenig befriedigend ist, all das trägt dazu bei, aus diesem Gebet eine echte Schule der Beschauung zu machen. Die Beschauung ist das Gebet, das allein der Heilige Geist im Betenden bewirkt, es ist also reine Gabe Gottes.»

Der Rosenkranz in seiner Einfachheit und Armut ist im Endeffekt ein sehr mächtiges Gebet, weil er durch die sanften, mütterlichen Hände Mariens uns in unseren grundlegenden Haltungen bestärkt, die ich weiter oben dargelegt habe und die das Gebetsleben fruchtbar machen: Glaube, demütige Hoffnung, einfache und treue Liebe.

5.
Das Fürbittgebet

«Wie groß ist doch die Macht des Gebetes! Man könnte es einer Königin vergleichen, die allzeit freien Zutritt hat beim König und alles erlangen kann, worum sie bittet.»
Therese von Lisieux[72]

«Ich will dein Gebet weit wie die Welt.»
sagt Jesus zur Schwester Marie de la Trinité[73]

---

72. Therese vom Kinde Jesus, *Selbstbiographische Schriften*, Johannes Verlag Einsiedeln, Zwölfte Auflage 1991, S. 254.
73. Marie de la Trinité, *Consens à n'être rien*, Arfuyen, 2008, S. 77.

Das Bittgebet ist jenes Gebet, das am spontansten ist. In der Not wendet man sich leicht Gott zu, um seine Hilfe zu erbitten. Natürlich darf sich unser Gebet nicht darauf beschränken. Wenn wir zu jenen Betern werden wollen, die *«im Geist und in der Wahrheit anbeten»* und die der Vater sucht, und uns unser Gebet in eine tiefe Vereinigung mit Gott führen soll, dann muss es vor allem ein Gebet des Lobes und der Anbetung sein.

Dennoch haben das Bittgebet und das Fürbittgebet einen ganz legitimen Platz im christlichen Leben. Die Schrift zeigt das deutlich. *«Vor allem fordere ich zu Bitten und Gebeten, zu Fürbitte und Danksagung auf, und zwar für alle Menschen»*, sagt der heilige Paulus im ersten Brief an Timotheus (1 Tim 2,1) und man könnte viele analoge Textstellen anführen. Die Psalmen, die große Gebetsschule Israels und der Kirche, enthalten, auch wenn sie nur mit Psalmen des Lobes enden, zahlreiche an Gott gerichtete Bitten um Hilfe für sich selbst oder für andere.

Ohne dieses Thema eingehend behandeln zu wollen, möchte ich in diesem Kapitel einige Worte zum Fürbittgebet sagen. In dieser Gebetsform kommen das Vertrauen zu Gott und die Liebe zum Nächsten sehr schön zum Ausdruck.

«Alles, um was ihr in meinem Namen bittet, werde ich tun, damit der Vater im Sohn verherrlicht wird» (Joh 14,13). Dieser

Satz Jesu ist für uns wirklich ein Ansporn, die Nöte unserer Angehörigen, der Kirche und der ganzen Welt vor Gott zu bringen. Indem wir das tun (mit Lobpreis und Hingabe unseres Lebens), üben wir jenes «allgemeine Priestertum» aller Getauften in seiner Gänze aus, das das Zweite Vatikanische Konzil wieder herausgestellt hat und dessen ganzen Sinn und Tragweite wir noch lange nicht verstanden haben.

Um über diese Berufung nachzusinnen, empfiehlt es sich, die großen Fürsprecher im Alten Testament zu betrachten.

Denken wir an Abraham, der im Buch Genesis mit dem Herrn beharrlich um die notwendige Mindestzahl der Gerechten in der sündhaften Stadt Sodom «feilscht», um die Stadt trotz ihrer abscheulichen Verbrechen vor der Vernichtung zu bewahren.[74]

Denken wir an verschiedene Episoden aus Moses Leben. Als das in der Wüste umherziehende Volk von Amalek angegriffen wurde (im Judentum ist er die Personifizierung des Bösen schlechthin[75]) und Josua und seine Männer in der Ebene kämpften, betete Mose auf dem Gipfel des Hügels mit erhobenen Händen bis zum Sonnenuntergang und Aaron und Hur stützten seine Arme, wenn die Anstrengung zu groß wurde. Sein Gebet erlangte den Sieg.

Die ergreifendste Stelle ist sicherlich jene, als Mose nach dem Treubruch mit dem Goldenen Kalb für das Volk Fürsprache einlegte (Ex 32,1-14). Während der vierzig Tage, die Mose auf dem Gipfel des Horeb verbrachte, wo ihm

---

74. Gen 18,22-33.
75. Denn im Text heißt es: «Krieg ist zwischen Jahwe und Amalek von Generation zu Generation» (Ex 17,16). Das wird von keinem anderen Volk behauptet.

Gott die Gesetzestafeln gab, beging das Volk eine Sünde der Idolatrie und nach der jüdischen Tradition weitere sich daraus ergebende Vergehen (Schlägereien, Ausschweifung …). In seinem Zorn teilt dann der Herr Mose mit, dass er dieses untreue Volk auslöschen und ihn zu einem neuen Volk machen wird:

> «*Geh, steig hinunter, denn dein Volk, das du aus Ägypten heraufgeführt hast, läuft ins Verderben. Schnell sind sie von dem Weg abgewichen, den ich ihnen vorgeschrieben habe. Sie haben sich ein Kalb aus Metall gegossen und werfen sich vor ihm zu Boden. Sie bringen ihm Schlachtopfer dar und sagen: Das sind deine Götter, Israel, die dich aus Ägypten heraufgeführt haben. Weiter sprach der Herr zu Mose: Ich habe dieses Volk durchschaut: Ein störrisches Volk ist es. Jetzt lass mich, damit mein Zorn gegen sie entbrennt und sie verzehrt. Dich aber will ich zu einem großen Volk machen.*»

Mose bemüht sich nun, Gott mit schlagenden Argumenten zu besänftigen:

> «*Warum, Herr, ist dein Zorn gegen dein Volk entbrannt? Du hast es doch mit großer Macht und starker Hand aus Ägypten herausgeführt. Sollen etwa die Ägypter sagen können: In böser Absicht hat er sie herausgeführt, um sie im Gebirge umzubringen und sie vom Erdboden verschwinden zu lassen? Lass ab von deinem glühenden Zorn, und lass dich das Böse reuen, das du deinem Volk antun wolltest. Denk an deine Knechte, an Abraham, Isaak und Israel, denen du mit einem Eid bei deinem eigenen Namen zugesichert und gesagt hast: Ich will eure Nachkommen zahlreich machen wie die Sterne am Himmel, und: Dieses ganze Land, von dem ich gesprochen habe, will ich euren Nachkommen geben, und sie sollen es*

für immer besitzen. Da ließ sich der Herr das Böse reuen, das er seinem Volk angedroht hatte.»

Wie die Rabbiner bemerkt haben, findet man in diesem Dialog charakteristische Merkmale eines Streites zwischen Freunden oder Eheleuten. Gott sagt zu Mose: *«Lass mich»*, bevor dieser den Mund auftut. Und ebenso wie Eltern zueinander sagen, wenn sich ihr Kind schlecht benommen hat: «Schau, was dein Sohn getan hat!», sprechen die beiden Gesprächspartner zueinander von dem sündigen Volk in folgender Weise: *«Dein Volk, das du aus Ägypten herausgeführt hast».*

Gewiss war Gott von Anfang an bereit, Israel zu vergeben, aber er wollte, dass diese Vergebung durch die Fürsprache seines Dieners und Freundes Mose gewährt wird. Gott tut nichts, ohne mit seinen Dienern, den Propheten, darüber zu sprechen. Bereits als er daran dachte, Sodom zu vernichten, sagte er sich: *«Soll ich Abraham verheimlichen, was ich vorhabe?»* (Gen 18,17).

Ein wenig weiter in diesem Kapitel sehen wir, dass sich Mose in noch herzzerreißenderer Weise erneut für das Volk einsetzt und Gott sogar darum bittet, auch ihn aus dem Buch des Lebens zu streichen, sollte er dem Volk nicht vergeben.

«Mose kehrte zum Herrn zurück und sagte: Ach, dieses Volk hat eine große Sünde begangen. Götter aus Gold haben sie sich gemacht. Doch jetzt nimm ihre Sünde von ihnen! Wenn nicht, dann streich mich aus dem Buch, das du angelegt hast.»

Mose ist Gottes Freund geworden. Im Offenbarungszelt *«redete der Herr mit Mose von Angesicht zu Angesicht, wie jemand mit seinem Freund redet»* (vgl. Ex 33,11). Diese Freundschaft mit Gott verlieh seinem Gebet große Macht.

Wir alle sind eingeladen, Gottes Freunde zu werden. Im Evangelium sagt Jesus zu seinen Aposteln:

> *«Ich nenne euch nicht mehr Knechte; denn der Knecht weiß nicht, was sein Herr tut. Vielmehr habe ich euch Freunde genannt; denn ich habe euch alles mitgeteilt, was ich von meinem Vater gehört habe»* (Joh 15,15).

Manchmal sage ich mir beim Lesen dieses Verses im Evangelium, dass sich Jesus mit diesen Worten wirklich in eine schlechte Lage begibt: einem Diener kann man etwas abschlagen, einem Freund jedoch nicht, das ist unmöglich!

Diese Freundschaft setzt natürlich unsererseits ein echtes Verlangen nach Treue voraus. *«Ihr seid meine Freunde, wenn ihr tut, was ich euch auftrage»*, sagt Jesus im vorhergehenden Vers.

Dies ist ein schönes Geheimnis, das unserem Gebet Macht verleiht, eine wunderbare Tür, die uns offensteht.

In allem sollen wir den Willen Gottes tun, weil dieser Wille unser Leben und unser Glück ist. Wir empfinden tiefe Freude, wenn wir den Willen dessen tun, den wir lieben und zu dem wir volles Vertrauen haben. Doch ist das keine Einbahnstraße: Gott verlangt nämlich von uns, seinen Willen zu tun, damit auch er unseren Willen tun kann, damit er seine Freude daran hat, uns zu erhören. Folgendes Wort stammt von einem Wüstenvater:

«Der Gehorsam entspricht dem Gehorsam. Wer Gott gehorcht, dem antwortet Gott auf seine Bitte.»[76]

Therese von Lisieux sagte, bevor sie starb, in ihrer Einfachheit und gewohnten Kühnheit:

Im Himmel wird der liebe Gott alle meine Wünsche erfüllen müssen, weil ich auf Erden nie meinen Willen getan habe.»[77]

1. Gott schlägt denen nichts ab, die ihm nichts abschlagen

In einem Text von Jean-Jacques Olier, einer großen Gestalt bei der priesterlichen Erneuerung im Frankreich des XVII. Jahrhunderts (er gründete die Kongregation der Sulpizianer und spielte eine bedeutende Rolle bei der Errichtung von Priesterseminaren und der Erneuerung der Pfarrgemeinden), findet man etwas Erstaunliches. In seinem Entwurf einer Seminarordnung (die Seminare sah er vor allem als Orte der Hinführung zum Gebet) spricht er von der Bedeutung des inneren Gebetes und der grundlegenden Notwendigkeit, die künftigen Priester darin zu schulen.[78] Bei seinen folgenden Worten stützt er sich auf eine Textstelle des heiligen Gregor des Großen:

«Nach dem heiligen Gregor soll man vor seiner Priesterweihe mit Gott so vertraut geworden sein, dass man nicht abgewiesen werden kann. Derjenige also, dem

---

76. Zitiert aus J.-C. Guy, *Paroles des anciens*, coll. Points-Sagesse, Le Seuil.
77. *Die letzten Worte*, am 13. Juli.
78. Jean-Jacques Olier, *Vivre pour Dieu en Jésus-Christ*, textes choisis, Cerf, 1995, S. 82.

eine Unterredung mit Gott gewährt wird und der nicht die Macht über ihn erfahren hat, seine Erregung zu besänftigen, darf nicht Priester werden noch zur Priesterweihe zugelassen werden. Denn der Priester ist nicht nur zu seiner eigenen Rechtfertigung und zur Nächstenliebe verpflichtet, sondern vor allem auch dazu, den Zorn Gottes zu dämpfen und die Welt mit ihm zu versöhnen.»

Ich weiß nicht, was die heutigen Regenten der Priesterseminare über dieses Zulassungskriterium für das Priestertum denken! Die Sprache dieses Textes kann uns schockieren, doch spielt er offensichtlich auf Moses Gebet an und gibt intuitiv die richtige und schöne Rolle des Priesters als Fürsprecher wieder, dessen erste Aufgabe es ist, Gott unaufhörlich anzuflehen, sich seines Volkes zu erbarmen.

Andere schöne Textstellen im Alten Testament ermuntern uns zur Fürsprache, wie jene, die die Wächter auffordert, Gott keine Ruhe zu lassen, solange er nicht alle seine Heilsverheißungen gegenüber Jerusalem erfüllt hat:

> *«Auf deine Mauern, Jerusalem, stellte ich Wächter. Weder bei Tag noch bei Nacht dürfen sie schweigen. Ihr, die ihr den Herrn (an Zion) erinnern sollt, gönnt euch keine Ruhe! Lasst auch ihm keine Ruhe, bis er Jerusalem wieder aufbaut, bis er es auf der ganzen Erde berühmt macht»* (Jes 62,6-7).

Vor diesem Text steht ein herrlicher Vers, der die eheliche Liebe zwischen Gott und Israel zum Ausdruck bringt:

> *«Wie der junge Mann sich mit der Jungfrau vermählt, so vermählt sich mit dir dein Erbauer. Wie der Bräutigam sich freut über die Braut, so freut sich dein Gott über dich.»*

Der Dialog mit Gott im Gebet kann sich auf verschiedenen Ebenen abspielen: auf der Ebene der Freundschaft, auf der Ebene der bräutlichen Vereinigung oder auf der Ebene der kindlichen Beziehung. Im Evangelium betont Jesus beim Lehren des «Vaterunsers» die Macht des Gebetes, das von denen an den himmlischen Vater gerichtet wird, die er als seine Kinder angenommen hat.

«Wenn nun schon ihr, die ihr böse seid, euren Kindern gebt, was gut ist, wie viel mehr wird euer Vater im Himmel denen Gutes geben, die ihn bitten» (Mt 7,11).

Die Fürsprache für das Heil der ganzen Welt ist ein grundlegendes Amt der Kirche. Ob als Freund, als Braut oder als Kind Gottes, unaufhörlich müssen wir Gott anflehen, damit er sich der Welt erbarmt. Das Leben der Heiligen zeugt mannigfach von ihrer Rolle als Fürsprecher und ihrer sich darin ausdrückenden schönen geistlichen Mutterschaft oder Vaterschaft. Denken wir an den heiligen Dominikus, der alle seine Nächte im Gebet verbrachte und den Herrn auf folgende Weise anrief: «Mein Gott, meine Barmherzigkeit, was wird aus den Sündern werden?» Als junges Mädchen, noch vor ihrem Eintritt in den Karmel, betete Therese von Lisieux mit Inbrunst für den Mörder Pranzini. Sie erlangte seine Bekehrung gerade in dem Augenblick, als er das Schafott bestieg. In ihrer Autobiografie nennt sie ihn «mein erstes Kind», jenen, den die ganze Presse als ein Ungeheuer bezeichnete.[79] Es gibt viele ähnliche Ereignisse. Zitieren möchte ich noch einen

---

79. Therese vom Kinde Jesus, *Selbstbiographische Schriften*, Johannes Verlag Einsiedeln, Zwölfte Auflage 1991, S. 97ff.

Auszug aus dem geistlichen Tagebuch der heiligen Faustina Kowalska, der Jesus die Geheimnisse seines barmherzigen Herzens offenbarte. Es handelt sich um eine moderne und sehr weibliche Version des «heiligen Feilschens», ähnlich dem Abrahams und Moses.

«Heute morgen, nach meinen geistigen Übungen, fing ich an zu häkeln. Ich fühlte leise in meinem Herzen – ich fühlte, daß Jesus in ihm ruht. Diese tiefe und süße Gewißheit der Anwesenheit Gottes ermunterte mich, folgendes zum Herrn zu sagen: "O Heiligste Dreifaltigkeit, die Du in meinem Herzen wohnst, ich bitte Dich, schenke die Gnade der Bekehrung so vielen Seelen, wie viele Schlaufen ich heute mit der Nadel häkele." Darauf hörte ich in meiner Seele die Worte: "Meine Tochter, dein Verlangen ist zu groß." — "Jesus, Dir fällt es leichter, viel zu geben als wenig." — "So ist es, es fällt Mir leichter, einer Seele viel zu geben, als wenig, aber jede Bekehrung einer sündigen Seele verlangt Opfer." — "So opfere ich Dir, Jesus, diese meine ehrliche Arbeit auf. Ich finde nicht, daß dieses Opfer für die Vielzahl von Seelen zu gering ist. Du Selbst, Jesus, hast mit solcher Arbeit dreißig Jahre lang Seelen gerettet. Weil aber der heilige Gehorsam mir strenge Abtötung und Buße verbietet, bitte ich Dich, Herr, nimm diese Kleinigkeiten, mit dem Siegel des Gehorsams, als große Dinge an." Darauf hörte ich in meiner Seele die Stimme: "Meine liebe Tochter, Ich will deine Bitte erfüllen."»[80]

---

80. *Tagebuch der Schwester Maria Faustyna Kowalska*, Parvis Verlag Hauteville, 9. Auflage 2013, Nr. 961.

2. Die Fürsprache – ein Ort des Kampfes und des Wachsens

Ich möchte einige ergänzende Bemerkungen zu diesem schönen Amt der Fürsprache machen, das der Herr den Christen nahe legt und durch das er sie an seinem Erlösungswerk teilhaben lässt.

Die Fürsprache ist auch ein Weg des Wachsens und der persönlichen Reinigung. Sie ist ein Ort der Gnaden und der Freude, aber auch ein Ort des Kampfes und der Bekehrung.

Wenn es darum geht, Fürsprache einzulegen, so tun wir es spontan für die Menschen, die wir lieben und die uns nahe stehen. Das ist natürlich legitim, könnte uns allerdings in einen etwas engen Kreis einschließen. Unser Herz muss sich entsprechend dem Herzen Gottes ausweiten! Wir sollen offen sein für andere Gründe der Fürsprache, an die wir zwar nicht spontan denken, die uns aber der Herr anvertrauen möchte. Das kann unser Herz und den Horizont unseres Lebens sehr schön erweitern. Fürsprache einlegen bedeutet nicht nur, für unsere Mitmenschen einzutreten, sondern sich an der Fürsprache Jesu selbst zu beteiligen, der alle Nöte der Menschen unaufhörlich vor den Vater bringt.

Ich bin vielen Menschen begegnet, die manchmal unerwartet vom Heiligen Geist einen starken Anruf erhalten haben, gewisse Intentionen in ihr Gebet und ihr Opfer einzuschließen: die Priester, die jungen Leute in Schwierigkeiten, die verfolgten Christen, das Volk Israel, diese oder jene Gruppe von Sündern, die Sterbenden usw. Die Aufgeschlossenheit für diese Anrufe des Heiligen Geistes kann dem Leben zahlreicher Menschen Sinn und Fruchtbarkeit geben, die sich sonst manchmal unnütz vorkommen würden. Das wäre sehr schlimm! Bitten wir also Gott, er möge uns erkennen lassen, welche Personengruppen, welche verschiedenen Situationen er unserem Gebet und unserer Liebe anvertrauen möchte.

3. Wenn Gott uns nicht zu hören scheint

Eine Frage stellt sich oft beim Fürbittgebet: Was ist zu all jenen Fällen zu sagen, in denen Gott unseren Gebeten gegenüber taub zu sein scheint. Scheinbar entkräften sie jene Worte Jesu im Evangelium, dass wir nämlich alles erhalten werden, worum wir gläubig bitten. Welchen Sinn können wir einer Nichterhörung geben? Das Nichterhörtwerden ist weder leicht zu verkraften noch zu verstehen. Meines Erachtens wird die göttliche Weisheit immer etwas geheimnisvoll bleiben. Unter Berücksichtigung dieses Aspektes mache ich hierzu einige Bemerkungen.

Keines unserer Gebete ist vergebens. Früher oder später wird es Erhörung finden – vielleicht nicht in dem Augenblick oder in der Form, wie wir es uns vorstellen, sondern wann und wie Gott es in seinen Plänen will, die uns übersteigen. Unsere Gebete werden nicht immer so erhört, wie wir es gern hätten. Aber das Sprechen eines Gebetes hat uns Gott näher gebracht, uns einen gewissen inneren Weg machen lassen und eine gewisse Gnade herabgezogen, die wir eines Tages sehen werden und die uns in Erstaunen versetzen wird.

Ein Beispiel findet sich im zweiten Korintherbrief. Dreimal fleht Paulus den Herrn an, ihn von seinem «Stachel im Fleisch» zu befreien. Der Herr antwortet ihm: *«Meine Gnade genügt dir; denn sie erweist ihre Kraft in der*

Schwachheit» (2 Kor 12,9). Paulus wurde faktisch nicht erhört, sein Gebet war aber nicht umsonst, im Gegenteil. Es ließ ihn mit Gott ins Gespräch kommen und dadurch vermochte er tiefer in die göttliche Weisheit einzudringen. Das Wichtigste bei der Fürsprache ist nicht immer ihr materieller Zweck, sondern vielmehr die Beziehung zu Gott, die sich dabei anbahnt und entwickelt und für uns und für jene, die der Gegenstand unseres Gebetes sind, stets fruchtbar sein wird.

Gott erhört uns nicht immer so, wie wir es gern hätten, weil wir manchmal in konkreter Weise realisieren müssen, dass wir Gott nicht manipulieren können. Das versuchen alle Heiden. Durch Vertrauen und Gebet können wir von Gott alles erlangen, allerdings bleibt Gott absoluter Herr über seine Gaben und diese sind stets reines Geschenk. Gott lässt sich nicht manipulieren, erpressen, benutzen, in Anspruch nehmen. Diese Erfahrung müssen wir von Zeit zu Zeit machen, damit unsere Beziehung zu ihm einfach, vertrauensvoll, vertraut und kindlich kühn zugleich ist, aber auch respektvoll gegenüber seiner absoluten Souveränität. Gott schuldet dem Menschen keine Rechenschaft. Im christlichen Leben gibt es folgendes Paradoxon: Wir sind berufen, mit Gott in inniger Vertrautheit zu leben, die uns über sein Vaterherz allmächtig macht, aber einen absoluten Respekt vor seiner Transzendenz und souveränen Freiheit voraussetzt, der manchmal peinigend sein kann. *«Wer bist du denn, dass du als Mensch mit Gott rechten willst? Sagt etwa das Werk zu dem, der es geschaffen hat: Warum hast du mich so gemacht?»*, sagt Paulus im Römerbrief (9,20), in dem er nachsinnt über jenes für ihn so schmerzliche Drama: die Ungläubigkeit eines Teils Israels.

Wir können keine «Ansprüche» auf Gott geltend machen. Manchmal haben wir das Gefühl, dass Gott uns etwas schuldet und wir ein gewisses Recht auf seinen Segen und seine Gnaden haben, weil wir uns Mühe gegeben und uns für ihn sehr angestrengt haben. Das Gleichnis im Evangelium vom unnützen Diener erinnert uns daran, dass das nicht der Fall ist (Lk 17,7-10). Wenn wir das Gute vollbracht und unsere Pflicht getan haben, müssen wir Gott dafür danksagen, uns aber vor dem Gefühl hüten, dass uns das irgendein Privileg einräumt. Unsere guten Werke verleihen uns überhaupt kein «Recht» – weder auf Gott noch auf die anderen –, auch wenn wir oft zu jener mehr oder weniger eingestandenen Anschauung neigen. Für uns ist es heilsam, wenn wir uns immer ganz stark bewusst sind, dass die Gaben Gottes absolut freies Geschenk sind. Andernfalls kann unsere Beziehung zu ihm wie auch zu den anderen verdorben werden, aus der Logik der Liebe fallen und so in die Logik menschlicher Berechnung abdriften. Gott erhört uns nicht aufgrund unserer Verdienste und unserer Fähigkeiten, sondern aufgrund seiner Barmherzigkeit und seiner frei geschenkten Liebe. Eine Gebetserhörung ist nicht etwas, was uns zusteht, sondern ein Geschenk.

Unser Gebet muss beharrlich, vertrauensvoll, ja sogar kühn sein, aber stets im demütigen Gehorsam gegenüber dem göttlichen Willen. Unsere Bitten sind oft nicht völlig rein, da sie mit gewissen menschlichen Erwartungen vermischt sind. Der Schmerz, nicht sofort erhört worden zu sein, die Notwendigkeit auszuharren, die Einladung zur Geduld bewirken in uns eine notwendige Reinigung, Verinnerlichung, durch die unser Gebet echter, der göttlichen Weisheit mehr angeglichen und so schließlich wirksamer und fruchtbarer sein wird. Wichtig für das geistliche Wachsen sind eine umfassende Reinigung und Erziehung des Verlangens und folglich des Gebetes.

> «*So nimmt sich auch der Geist unserer Schwachheit an. Denn wir wissen nicht, worum wir in rechter Weise beten sollen; der Geist selber tritt jedoch für uns ein mit Seufzen, das wir nicht in Worte fassen können. Und Gott, der die Herzen erforscht, weiß, was die Absicht des Geistes ist: Er tritt so, wie Gott es will, für die Heiligen ein*» (Röm 8, 26-27).

Abschließend möchte ich noch hinzufügen, dass eines der wirksamsten Mittel für diese Reinigung und das Wachsen in der Demut und im Vertrauen unser Fürbittgebet ist, wenn es unabhängig von seinen «Ergebnissen» in einem Klima der Danksagung erfolgt. Es ist verblüffend zu sehen, wie sehr der heilige Paulus in seinen Briefen die Bitte immer gleich mit dem Dank verbindet:

> «*Lasst nicht nach im Beten; seid dabei wachsam und dankbar! Betet auch für uns, damit Gott uns eine Tür öffnet für das Wort und wir das Geheimnis Christi predigen können*» (Kol 4,2-3).
>
> «*Sorgt euch um nichts, sondern bringt in jeder Lage betend und flehend eure Bitten mit Dank vor Gott!*» (Phil 4,6).
>
> «*Vor allem fordere ich zu Bitten und Gebeten, zu Fürbitte und Danksagung auf, und zwar für alle Menschen*» (1 Tim 2,1).

Die Fürbitte selbst muss immer mit der Danksagung einhergehen. Das ist notwendig, damit unser Gebet zu seiner ganzen Tiefe, Wahrheit und Fruchtbarkeit gelangt, damit es Quelle des Segens für uns und für die anderen ist. Nichts reinigt das Herz des Menschen so sehr wie die Danksagung, sodass er jene Seligpreisung erfahren kann:

> «*Selig, die ein reines Herz haben; denn sie werden Gott schauen*» (Mt 5,8).

Gepriesen sei sein Name auf ewig! Amen.

Inhaltsverzeichnis

Vorwort 5

1. Worum geht es beim Gebet? 9
   1. Das Gebet als Antwort auf einen Ruf 15
   2. Der Vorrang Gottes in unserem Leben 18
   3. Frei geschenkte Liebe... 20
   4. Das Reich vorwegnehmen...................................... 21
   5. Gotteserkenntnis und Selbsterkenntnis.................... 25
   6. Aus dem Gebet erwächst das Mitfühlen
      mit dem Nächsten.. 33
   7. Das innere Gebet – ein Weg zur Freiheit 34
   8. Das Gebet eint unser Leben 38

2. Die Bedingungen für ein fruchtbares Gebet............ 41
   1. Gebet und innerer Friede 43
   2. Die Dispositionen, die das Gebetsleben fruchtbar
      machen... 46
   3. Ein von Glauben, Hoffnung und Liebe beseeltes
      Gebet... 47
   4. Die Tür des Glaubens 49
   5. Welche Rolle spielt die Sinnlichkeit im Gebetsleben? 50
   6. Rolle und Grenzen des Verstandes 52
   7. Gott berühren.. 56
   8. Der Glaube öffnet alle Türen 58
   9. Gebet und Hoffnung... 60

Die innere Freiheit

Der Mensch erwirbt seine innere Freiheit im gleichen Maß, wie Glaube, Hoffnung und Liebe in ihm erstarken. Dieses kostbare Werk, in einer einfachen Ausdrucksweise geschrieben, wird «all denen eine Hilfe sein, die danach verlangen, offen zu werden für diese wundervollen inneren Neuschöpfungen, die der Heilige Geist in ihren Herzen zu verwirklichen sucht, um auf diese Weise zur herrlichen Freiheit der Kinder Gottes zu gelangen».

182 Seiten, 13x20 cm € 14.– CHF 19.–

Berufen zum Leben

Unser Vater im Himmel lädt uns ständig ein, auf eine unaufdringliche, geheimnisvolle und doch reelle Art und Weise. Er ermutigt uns: «Kommt heraus aus Eurer Verschlossenheit! Entscheidet Euch für das Leben! Entfaltet all Eure Fähigkeiten zu glauben, zu hoffen und zu lieben!» Er spricht zu uns durch Begegnungen, durch glückliche oder schwierige Begebenheiten, durch die Sehnsüchte, die in unserem Herzen erwachen und durch den Widerhall, den die Heilige Schrift in uns hervorruft.

Dieses Buch will uns eine Hilfe dabei sein, diese vielfältigen Anrufe zu hören und in uns aufzunehmen. So können sie unserem Leben die Kraft und die Fruchtbarkeit schenken, nach denen wir alle streben.

160 Seiten, 13x20 cm € 14.– CHF 19.–

PARVIS-VERLAG
Route de l'Eglise 71
1648 Hauteville
Schweiz

Tel. 0041 26 915 93 93
buchhandlung@parvis.ch
www.parvis.ch